# 昭和 自然遊び 事典

中田幸平

八坂書房

【本文イラスト】
中田幸平

# まえがき――子どもの遊びと自然

子どもと動植物の遊びは、風土に培われうけつがれてきた一つの民俗であった。自然の中の遊びが、子どもの本質と機能を充分に発揮する場であることから、自然を利用しての遊戯の伝承は古くから数多い。たとえばわらべ唄を取りあげても、その大半はこうした自然をうたったもので占められているといっても過言でないものと思う。とくに遊びにおける植物の役割は、四季の推移の変化を子どもに与えることにある。子どもはその変化に驚きのうちに冒険をこころみて発見し、植物を材料に遊戯を創造しながら自然を体得してきた。

## 失われた遊びの創造

都会の子どもが、まだ知らぬ自然を求める心は生物の本能の欲求であるかもしれない。しかしこの欲求は、密室化された人工的環境の中にあって自然はこころよいもの、という表現であって、ただちに自然の中に入って自然を利用しての遊びとなるわけではない。どちらかというと自然と相対立するだけにおわっている。ましてデパートの甲虫やメダカ、ザリガニなどは、自然観察（理科の勉強）における標本か、生きている玩具でしかなく、お金と引換えに与えられるものにほかならない。これは管理された遊びと同じで、すべてがおとなによって準備されたもので、子どもは自然の中で棲息する昆虫や魚類の生態を知らないのである。

おとなたちは自然と遊び場を奪った代償として、おとな好みの子ども観で、コンクリートの遊び場や玩具などを与え、さらには前述のような生きた甲虫や魚介類を与えて、喜んでもらったものと思っている。子どもは自然を求めながらも、一方的に用意された遊び場に出かけ、きめられた通りの遊びをしている。買い与えられる玩具に至ってはますます高級化して、ボタンを押せば勝手に動き、子どもはただ無気力にそれをながめるだけである。ここに至って子どもは完全に創造力を見失ったのである。

子どもの遊びは自らつくり出すものが本質にあり、玩具はそれを補ってさらに遊びの想像力を発揮し、創造の世界をひろげるものである。ところが世の中は、おとなの子ども観によって遊びが企業化し、玩具はますます高級化し、年を追うごとにメカニックになった。高度経済成長期も終わりに近い昭和四十五年頃には、たとえばママゴト遊びの洗濯機は、実際にハンカチぐらいは洗えるほどになり、玩具というよりミニ化した洗濯機といってよいくらいのものであった。このほか、実際に玉子焼もできますという玉子焼セットなど数千円もするものまであり、男の子には、オート・ファクトリー、パーキング・タワーと、例をあげればきりがない。この過剰な玩具の独走のすえ、ついには、二千五百円もする「子ども用お化粧セット」が商品化され、デパートで日に五〇個も売れたと、当時の新聞に報道された。本物の化粧品を顔にベタベタぬった子どもを想像しただけでもぞっとする。このような玩具の傾向に、もし親たちが今の子どもは文化的になったといって買い与えるなら、世の中はなにかが狂っているとしか思えない。

　これらの玩具はつくられた目的にしか使用することができず、遊びの想像を無限に展開し創造力を育む余地のない玩具である。その意味で、価格はこれら高級玩具の百分の一にも満たない、駄菓子屋の玩具の方がすぐれていると思う。ある人は駄菓子屋の一〇円玩具を安っぽい、こわれやすいというが、こわしてもおしげもなく代りを求められる玩具である。何よりもこの単純な玩具に対し、子どもたちはどうして飛ぶのか、鳴るのか、試行錯誤して究めるうちついにこわしてしまい、こわしてもだれにも叱られず、しかも新しい発見を得ることができた。

　またこの単純な玩具の不足を補いながら想像力をふくらまし、想像の世界を保つために子ども同士がルールを作り、ここに遊びの創造が生れてくる。これは高級玩具では生れないすばらしい創造の遊びである。

## 遊びの原点

駄菓子屋の玩具は想像の余地を残した単純な玩具であるだけに、子どもの創造力を育ててきた。しかしこれは玩具ばかりが優れているとはいいきれるものではない。これらの玩具を生かし豊かに発展させる環境が、遊びにはもっと大切なのである。

　かつては、遊び場と自然が生活とともに共存し、子どもの成長に役立っていた。そしてその自然は駄菓子屋から近い子どもの遊び場である空地や、神社、寺の境内にあり、そこには駄菓子屋の玩具と、自然物を応用した子どもの手作りの玩具があった。

たとえばママゴト遊びに例をみると、駄菓子屋で売られる「食玩」にはママゴトの道具が付いているものが多かった。ムギコガシの袋に付けられたブリキのスプーン、砂糖を厚く塗りかためた小さなガラス皿などがあり、子どもたちはそれを捨てずに遊びに活用した。空地の隅のイヌタデの赤い花をしごいて赤飯にした。露草の花を摘んでしぼり飲物を作った。カタバミの実莢はバナナとなり、ときには木の葉が皿になった。莚《むしろ》は座敷となり、ミカン箱は食卓になった。こうした舞台の道具立てを親になる年かさの子が仕切り、小さい子は子どもになった。ここに厳然たるママゴト遊びのルールを布き、その約束を果すことが、遊びを円滑に運ぶ基礎であった。子どもたちはこのルールの中で精いっぱい、親の暮しぶりをまねて、子どもとして甘えたい演技を行なった。そしてルール内の行動が活発化すると、そこには想像が創造を生む子どもたちの世界がくりひろげられた。

ここで、植物が遊びの主体になっていて自然の季節感覚を持っていることが大切なことである。それは人工的な環境における現代のママゴト遊びとちがって、自然の摂理や季感の美意識が知らぬまに育まれてくるのである。

自然と子ども遊びが子どもの発達に必要不可欠であるというのは、子ども遊びの原理が、自然、とくに植物とともにあるということである。

子どもたちはこの植物の中で育ち、古くからの子ども遊びを伝えながら成長した。とくに空地に生える雑草は子ども遊びを自然の胎盤のようにあたたかくつつんで、遊びの材料を提供し、そしてそこは何よりも、親の生活のそばにあって親の干渉のない、自由な安全地帯であった。

## 遊びと草の名

このように自然に働きかけて自然を遊びの材料としてきた歴史は、古い時代にさかのぼる子どもの生活とともにあった。それを証す痕跡は、おとなの注意を忘れた小さな自然に多く、なかでも雑草に与えた子どもらしい命名は今日でも数多く草の名として残っている。

草遊びからきた草の名としては、カエルッパ（オオバコ）、カヤツリグサ、ツマベニ（ホウセンカ）、カモジグサ、カニツリグサ、スモウトリグサ（スミレ、オオバコの花茎）、ヨッパライグサ（スベリヒユ）、メハジキなどと、多数が現存している。そしてこれらのどれ一つを取りあげても遊びの内容が明確に表示された遊び名であることが、子どもらしく面白い。オオバコをカエルッパという方言は、小林一茶の『おらが春』にある蛙の葬送——蛙を仮死させて葬式ごっこをする遊び——にオオバコの葉をかぶせることからの命名であった。この残酷な遊びがいかに広範囲に遊ばれたかは、中部地方、関東地方、東北地方でそれぞれの蛙の方言名がオオバコに命名されていることからも知れることである。オオバコの薬効がおとなたちばかりでなく子どもらにも知られていたから、子どもたちは一方では薬効を願って蘇生を期待しつつ葬式遊びをしたものであろう。

また草を味わう遊び名も、口の中に入れて甘いからアマナ、アマネ（チガヤの根）、アマヅル（ナツヅタ）とあり、苦い草はニガナ、酸っぱい草としてはスイバ、スカンボがある。なかにはキツネノボタンのように、有毒植物の一つで、葉を噛むと舌にピリッと焼けつくような刺激があることから、その驚きが火傷をした時の感じと同じなのでヤケドクサというものもある。草を食べることは、一つにはひもじい思いをした時の体験から、食べられる食べられないの試行錯誤の末に会得した子どもの知恵の伝承かもしれない。

その点、草笛などは口にはさんだり押付けたりして吹き鳴らすものだから、味のことよりシービビとかピーピーバナ（タンポポ）、またはフエクサ（スズメノテッポウ）などと、音を主体とした命名となっている。

また草の葉や花が人間の使用する物に似ているがあまりにも小さいので、動物名が冠せられている例も多い。スズメノヤリ、スズメノテッポウ、スズメノハカマ（カタバミ）、ウサギノチチ（タンポポ）、ウサギノモチ（ノゲシ）、ウマノサトウ（スギナ）、キツネノクビマキ（ヒカゲノカズラ）、キツネノカラカサ（ホオノキ）、キツネノタバコ（ツクシ）、カラスノエンドウ、カラスノキンチャク（ヌスビトハギ）といったように、数えあげたらきりがない。これらの動物が子どもの遊ぶ自然の場に出没して、雑草に見え隠れするから、こうした命名も当を得ている。

同じ形でも人の姿に移すカワラノオバサン（オキナグサ）、ジロウタロウ（スミレ）、オドリコソウなどがある。また形がセックスに似ていると子どもがいたずらに命名した雑草名が、民俗の陰に恥じらいを見せて存在する。サギゴケ、シュンラン、ツユクサなどは女性器名、チガヤの芽、イタドリ、アツモリソウ、ツクシなどは男性器名のそれぞれ方言名が冠せられている。サギゴケは、ヨメハン花ともいわれ、これは花弁に触れると恥かしそうに閉じるからの命名であるが、ジジババ（シュンラン）などと同じように、あるいはおとなの命名であるかもしれぬ。その点ヘビノチンポネ（チガヤの芽）などは、冬眠から目覚めた蛇の傍にチガヤが芽生えている日溜りの情景からの発想で、子どもでなくてはできぬ命名である。それにしてもイヌフグリなどは、れっきとした植物標準名であるから、一概に子どもの命名を非難することは当たらない。

以上は数多くの雑草名（標準名・方言名）からの一部であるが、どれ一つをとっても、それぞれの時代の子ども生活史の一端を知ることができる。それらの草がどのように四季の推移の流れに沿って遊ばれてきたかをみると、現代の子どもに比べて実におおらかな世界であったことがうかがい知れる。

## 現代の子どもと動植物

動植物は子どもにとって生きた山野の玩具であり、美意識を育む宝庫であり、生活であった。ところが、戦後、経済成長にともなう開発の急速な発展は、農薬で動物を追い払い、山野は赤肌むき出しに道路が作られ、自動車の排気ガスは植物を疲弊させた。

都市では至る所に高層ビルが乱立し、高速道路が幾重にも張りめぐらされ、かつて子どもの小さな自然に接することのできた神社仏閣の境内と空地はたちどころにコンクリート化して、自然を逐次追い出した。このような生活環境の中に生れた子は、自然の成り立ちを知らず、もちろん接することもないまま成長した。さらに加えて教育の過熱化は、自然どころか遊びすら奪ってしまった。また農村においては、マスコミその他の影響で都市の風潮にならされて、子どもの生活も都会に準ずるものになり、自然が環境に存在しても手を触れることもなく、山野の草木の実を食むことや草遊びなどには見向きもしなくなり、遊びの一環で捕えたイナゴや、川や沼の魚などを食材として家に持ち帰ることもなくなった。ここに至っては自然があっても自然は心の中から消え失せてしまった。また戦後の家族計画の行き過ぎもあって子どもの数は少なくなり、その少ない子どもを親たちは社会の外的諸悪条件からかばい、次第に過保護に傾いていった。

先に述べたように高級玩具を次から次へと与え、お稽古事や塾に通わせ、家にあってはマンガ本やテレビにかじりつく……、すべてが与えられることのみに終始して、遊びという創造の場は失われた。何よりも問題なのは、一番大切な「人間形成」の場である子どもの地域集団が姿を消したことから、伝承文化を失ったことである。今や町の路地や村の辻などからは、子どもの喚声を聞くこともなくなった。

こうした状況はさまざまな問題児を生むに至ったことはいうまでもない。昭和四十年代半ばになると、子どもにとって「遊び」というものがいかに必要であり、遊びの集団が人間形成に欠かせない大切なものであることが、教育関係者の間から論じられるようになってきた。そしてその範例は過去の子どもの遊び生活を志向することから、伝承遊戯の必要性が説かれ、また数々の伝承遊戯や集団遊びの書籍も刊行された。とりわけコマ、竹馬、あやとりなどが積極的に取りあげられ、学校によってはメンコ遊びを公認する所さえ出てきた。

しかし、自然、とくに植物に対する関心は薄く、関心があったとしても植物図鑑の世界で、植物と遊びの問題に触れることはごくわずかにすぎないのが当初の現状であった。そして数年のうちにようやく、植物玩具（草木遊び）の作り方が雑誌や書籍で発表されるようになり、人々はあらためて幼きころの草の遊びを思い出した。マスコミもこの植物と子どもの遊びに関心を示し、五月の子どもの日や夏休みなどになるとこれを積極的に取りあげた。

だが、子どもが夏休みのわずかな期間に、それも二、三日、日常生活の場を離れて自然に親しむことは、親しまぬよりもよいが、本当は、いかに日常生活の周辺に植物を繁茂させるかが植物と子どものかかわりあいの原点である。そのためには小鉢でも水槽にでも植物を植えて生活と密着させ、さらには街路に公園に、コンクリートをはがしてまでも植物緑化を進出させねばならない。また住民の集団意志を統一させて、為政者に都市と自然が両立しうるような都市計画をたてさせるような運動を盛りあげなければならない。おとな好みの遊具設備や、芝生に入るなという公園よりも、原っぱの雑草の方が子どもにとって天国のようなものであるからだ。植物が繁茂すれば、虫が棲み鳥が舞い下りる自然が都市に生れ、人間生活と共存するであろう。

都市の片隅に生える小さなカタバミから、植物に恵まれた農村まで、盆栽的でなく地域社会的に植物に対する生活の志向があれば、植物と人間のかかわりがいかに必要欠くべからざるものであるかがおのずと明らかになり、自然保護などという言葉も問題とはならないであろう。

これから述べるいくつかの文章で、私自身の人間形成の原点での野や川の動植物とのかかわりあいをふりかえってみて、その中でのいくつかの思い出を誌すとともに、幼いころ何気なくたわむれた雑草や棒切れにも、いかに長い子どもの生活の歴史がこめられているかをたどってみた。そして子どもの遊びという生活の原点で、自然が欠くことのできない存在であったことを思いおこしていただくと同時に、子どもを再び野性に帰して欲しいと願っている。

# 目次

まえがき――子どもの遊びと自然　3

## 春の自然遊び……15

草人形　16
草笛　29
ネコヤナギの綿毛　41
ツバナ摘み　44
ツバキの人形　47
ツクシのわらべ唄　50
タンポポ遊び　58
ヨモギ摘み　68
スズメノテッポウの笛　70
ナズナ遊び　74
イタドリのおもちゃ　79
スミレの相撲　85
サクラのヤニ遊び　88
ソラ豆の葉　89
ドジョウ掘り　91
川カニ釣り　94
地虫釣り　96

## 夏の自然遊び……99

オオバコとカエル　100
オオバコの草遊び　107

ヤエムグラの勲章 112
フジとり 116
麦わら籠 118
ホタルブクロの風船 120
スベリヒユの酔っぱらいごっこ 123
色水屋さん 126
ホウセンカの爪紅 127
チカラシバの草遊び 131
エノコログサの草穂遊び 135
ヒバリの子 139
ケラ遊び 142
ヘビ・マムシ 145
ヤス突き 147
釣り 149
火ぶり 151
鯉釣り 156
発破と毒もみ 160
釜どり 166
手づかみ漁 167
カエル釣り 170
カエルの葬式 172
縁日のゲンゴロウ 175
トンボ釣り 178
アリジゴクの競争 181
風船虫遊び 182
セミ捕り 185
穴ゼミ釣り 188
地グモの切腹 189
ホタル狩り 192
コウモリ落とし 195

## 秋・冬の自然遊び ……197

イヌタデとママゴト 198
ホオズキ遊び 202
藁鉄砲 204
ネッキ 207

目次

クリとり　209
ジュズダマのお手玉　211
ジャノヒゲの鉄砲玉　214
カキの葉人形　217
コオロギの音　221
イナゴ捕り　224
ハリガネ虫とカマキリ　225
小鳥わな　228
スズメ捕り　229
ウナギがま　231
寒エビ捕り　233
松葉遊び　235
あとがき　243
索　引　245
❖本文中に掲載した図版で、出典を記していないイラストは、すべて著者によるものである。
❖本文中の地名は調査した時点のものである。
❖昔の遊びには、今日から見ると不適切な表現も含まれているが、歴史的な記述としてそのまま表記した。
❖執筆が長期間にわたったため、内容が多少重複する項目もあるが、ご海容いただきたい。

# 春の自然遊び

# 草人形

ママゴトや人形ごっこの遊びは、母親の生活を模倣する遊戯であるから、男の子の遊びではなかった。また親たちも一人遊びができるようになると、男らしくとか女らしくという考えがあるために、子どもが成長するにしたがって遊びを二つに分けて教えたり、注意するようになっていた。そのせいか、私の幼いころ（昭和初期）でも、草人形を作ったり遊んだりすることは、男だからという理由で遠ざけられていた。草人形を植物玩具としてあらためて考えてみようとすると、男の子の私には草人形の思い出も少なく、わずかに、たった一度「ごっこ」遊びに入れてもらいたいために、近所のお姉さんにねだって作ってもらったヤブカンゾウの草人形が、断片的に思い出されるだけであった。その甘ずっぱい五歳ころの記憶は、だれよりも好きだったお姉さんだったので、なにかあたたかいものを感じていた。

## 草人形

草人形はそもそも、子どもの手遊びものとして愛用されたものではなく、神信仰の御《お》祓《はらい》の形《かた》代《しろ》からのものであった。現存する各地方の、茅《ちがや》、萱《かや》、蘆《あし》、藁《わら》などで作る、虫送り、疫病送り、その他の送り人形もこの草人形と同じ意味を持つものであるが、ここに述べる草人形とは、こうした村落集団の災厄を除去する願望を公的に担う大きな人形ではない。どちらかというとオシラサマよりも小さい、手に持つことができる雛人形のようなものをさすのである。

胸に抱かれ懐に入るような草人形は、神の祭儀の草人形《くさひとがた》として、人身の災厄を転移するために作られ、悪魔除けの一種として古代から御祓の祈禱に用いられた。これはわが国ばかりではなく、東南アジアにもあり、イギリスの文化人類学者フレーザーの報告によると、世界の各地にもこれと似たような習俗がある。

わが国ではこれを、草人形、または贖物《あがもの》、祓物《はらいもの》とか形代《かたしろ》などと呼び、人形をもって身体を撫でさすり無事息災を祈ることから撫物《なでもの》ともいい、神の御前で禊祓《みそぎはらい》をした。こうした「まがつみけがれ」を祓う伝承は、古俗に倭比売命《やまとひめのみこと》が草で人形を作って五十鈴川に身代りとして流した話や、

身を撫でて水のほとりに解きはらふ
雛人形《ひなひとがた》はあがものの儀

という歌があるほどで、水に流すことをもってすべてを潔斎し、さらには、息災無事を祈るばかりではなく、すでにふりかかった凶事をも祓いきよめるものとして信じられてきた。のちに紙の製法が中国より伝えられて紙の人形《ひとがた》となったが、これは一部のことで、地方ではながいあいだ草人形であった。現在でも神社では、紙の人形に家族名を書き入れて初穂料を添え、六月と大晦日に大祓をする風習が残っている。

病送りの藁人形（山形県舟形村）。田植えの終わったあと門に立てて、あとで川に流す

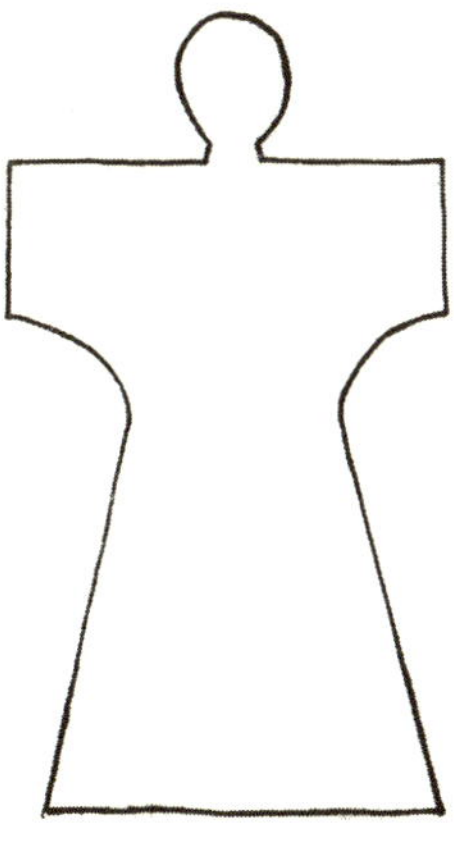

富岡八幡宮大祓の形代（現代）

天児（あまがつ）

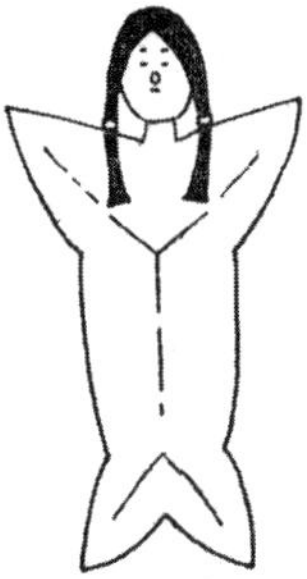
這子（ほうこ）

以上の大祓の神事は、公私とも、年数回、農耕にもとづく一定の期日をもって人形を据えるもので、かならず神域で災厄の転移や呪詛を行ない、生活をする住居では供するものでなかった。

ところが、子どもの出生の場合は一定日ともゆかずまちまちであるから、生れた子どもの健全を祈るとなると、期日が待っておられず、また神域に出かけて行っても祈り足らぬものを感じるのが親心であった。そして、白紙のようなみどり児の意識に、魔物が憑くことを恐れたのである。人々は直接の効きめを願って、子どもの枕辺に草人形を添え寝かせ、魔物が草人形に憑くよう、そして子どもが無事成長するよう祈った。そして健やかに子どもが育ち、意識も成長して百日もたつと、「ももか」といって子どもの枕辺からその草人形を除き、薬効のなくなった草を取り出すように、神社の境内や、山、海、川などに送り捨てた。この草人形が変遷ののちに、転じて、天児《あまがつ》、這子《ほうこ》などという布製の人形となったのである。

上の絵は、時代がくだって室町時代から江戸中期にかけてのものである。天児は男雛で基本を丁字形にして、頭部を白絹で包み、自の衣服を着せて立ち、這子は白絹で縫いぐるみの負い猿のように作り、振分け髪をたらしている。これが立雛といって雛人形の始まりで、三月上巳《じょうし》の飾り雛となってくるのである。

贖物《あがないもの》の草人形は紙の人形《ひとがた》となり、切ったり折ったりしてその形も変化したが、神の祓種《はらいぐさ》としては決して薄れるものではなく、神域の内では今日もなお神事としてうけつがれている。一方、子どもの魔除けの贖物は、日常的な生活の中にあって、草から紙、布製のものに変化するうち次第に呪詛の効きめの薄れともなり、その信仰性も失ってきた。

## 雛節供

いずれにしても、古代において人形《ひとがた》は生活に欠くべからざるものであったが、時代の移りとともに人形信仰は衰えて、神域の祓人形と、子どもの身辺におく人形に対する考え方の差は大きなひらきができていたことはたしかで、そのため身辺の人形が祈りの効能の役目が終ると、一部は流し、一部は玩物化する傾向ともなった。とくにそのきざしが平安朝に顕著に現れてくるのは、『源氏物語』をはじめ諸々の物語からもうかがえる。この貴族社会の「ひいな遊び」は、農耕から遊離した彼らの日常生活から生れたもので、それまでになかった、人形を子どもが弄ぶということが、人形に対する考えの変化のあらわれでもあった。もちろんこの時代は草人形でなく紙雛で、今でいう「ままごと遊び」や「人形ごっこ」であった。

しかし、「ひいな遊び」を単に祓種《はらいぐさ》の形代の変化であるというのではない、かといって喜多村信節《きたむらのぶよ》などのように「贖物《あがないもの》のひゝなとは事異なり」(『嬉遊笑覧《きゆうしょうらん》』)ときめつけることもできない、あいまいな遊びのしかたではなかったように思う。藤沢衛彦著『子ども歳時記』には、平安朝のひいな遊びの文例のあと

「雛遊びは、期日、形式がいまだ雛祭りにすすまない時代の遊びのしかたで……」

と三月節日行事の胎動期であることを述べている。だがその底流には古来から禊祓の信仰があることはたしかで、のちに中国からの上巳の祓い節日と混交して、三月の雛節供となったのである。『源氏物語』の須磨の巻に、

「三月の朔日に出で来たる巳の日……海面もゆかしうていで給ふ。……陰陽師めして、はらへせさせ給ふ。舟に、ことぐしき人形のせて、流すを見給ふ……」

とあるのは、このころのことである。いいかえれば、ひいな遊びと祓種が互いに融合して雛祭りとなり、貴族社会に新しい節日となって発達したのであろう。そしてこれらの行事を陰陽師が主に司り、祓おわせた人形は流し雛として舟にのせて流し、いわゆる流す人形と身辺におく人形がともに存在して、節目を送ったということでは

なかろうか。

この習俗はこのまま、室町時代、後土御門《ごつちみかど》天皇のころまでつづけられた。このころが前述の天児、這子などが立雛となった時代であり、これ以降、次第に流し雛より飾られる人形にばかり一方的に力を入れる風潮となった。もちろん専門の雛人形師が続々と輩出して雛市をめざして作り出し、雛人形は立雛から坐り雛と変遷してますます華美になった。また雛節供の習俗も、貴族社会から武家社会へひろまった。

後土御門天皇のころより百数十年後（江戸時代、慶安二年）には幕府の禁令が出るほど、金銀蒔絵の雛道具や豪奢な雛人形は天井知らずに発展したが、これらの雛飾りは一部特権階級のものでしかなかった。やがて雛節供も江戸中期ごろになって土雛《つちびな》ができるようになり、一般庶民も雛節供をするようになった。

## 草人形のさまざま

さて草人形は祓種《はらいぐさ》として一部は神域にとどまったが、子どもの枕辺の草人形は変遷の末に雛人形になった。しかしひいな遊びの草人形がまったく姿を消したとは考えられない。それは貴族の子どもが紙雛で「ひいな遊び」をしたように、紙を手にすることができぬ庶民の子どもは、草人形で遊んだにちがいない。私はその消息を知りたいと思ったが、残念ながら古い時代の事蹟は非常に少なく、江戸も中期以降になって、はじめて庶民の草人形遊びが誌されたにすぎない。

### ひいな草——山東京伝の『骨董集《こっとうしゅう》』（文化十一～十二年刊）に

「今の世の女童、ひいな草を採りて雛の髪をゆひ、紙の衣服を着せなどして平日《つね》の玩具《もてあそびもの》とす」

とある。このひいな草の由来は古く、源三位頼政卿の父の源仲正（？～一一五六年）の歌に

おもふとはつみしらせてきひいなくさ
わらは遊びのてたはふれより

という歌があり、同じく『骨董集』によると、

「今文化十年よりおよそ七百二三十年ばかり前《さき》、わらはのひいな草つみて、もて遊びたる事ありし証《あかし》とするにたれり」

とあり、いかにひいな草の遊びが古い時代からのものなのか述べているが、このひいな草はどういう草かどのような形に作ったのかは詳かでない。

同じ文化十三年ころ発刊された『嬉遊笑覧』によると、

「今、ひな草といふは竜常草なり、タツノヒゲ（注・ジャノヒゲ）又、ノススキともいふ、路傍に多く生ず、葉の長さ四、五寸、一根数百葉叢生す、他の草中に雑り生ずるは葉長くして尺許に至る、鵞観草をカモジ草といへばもと是を用ひしなるべし」

と、この時代に呼ばれている「ひいな草」をあげている。雛人形の頭髪を作るから、「ひいな草」で、つまって「ひな草」となる。この文中「カモジ草」というのは、ひいな草と同じく添髪のカヅラに擬して髪形だけを作ることからの名で、カモジのカは髪のカで、モジは文字である。これは宮中の女房詞である。またここにはないが、「カヅラ草」も同様で、役者のカヅラになぞらえる髪形であるから命名されたもので、「ひいな草」「カヅラ草」を一つにして「カモジ草」と後世は呼ぶようになった（国語学者・前田勇説）。いずれも草自体の名をさすものでなく、たわむれの草の名である。

『嬉遊笑覧』は、当時の江戸の子どもたちは「ひな草」すなわちジャノヒゲで遊んだとするが、私はそのころもやはり今でいうカモジグサで遊ぶことが多かったのではないかと考える。試みに『日本植物方言集（草本類篇）』（日本植物友の会篇）をみても、ジャノヒゲには「ひな草」に類似した方言名が一つもない。一方、植物標準名のカモジグサ（イネ科）を人形、カヅラという意味のことばで呼ぶ方言名は全体の半数を占めていることから、この草が多くの子どもたちに遊ばれていたことを知ることができる。

実際にカモジグサの葉を細かく裂いて作ったものを、北陸に旅をした折、ある年配の女性に作って見せてもらったことがあるが、彼女の話では、カモジグサのほかに

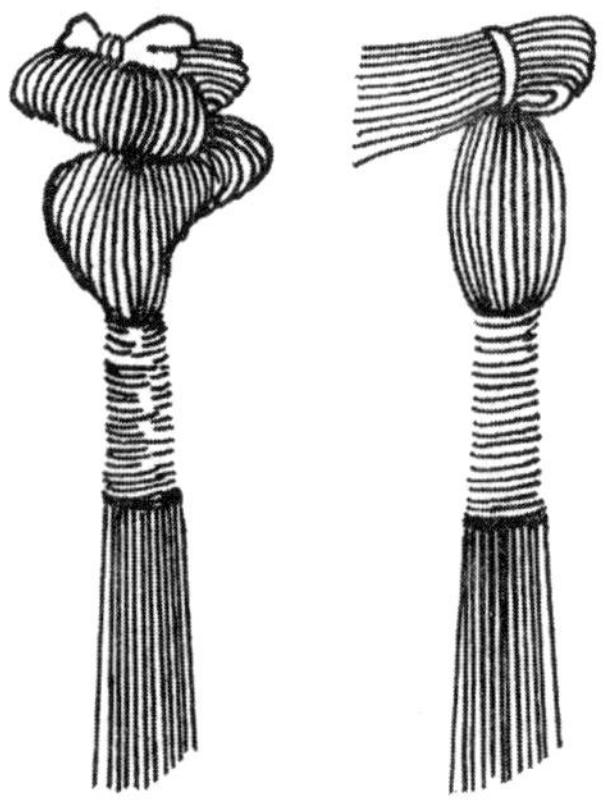

九月九日　髪葛子図（『骨董集』）

作る草もあるが、カモジグサが一番作りやすいといっていた。これまでの髪形を作る草がどのように呼ばれようが、それを命名した時代の子どもが、草で作ることが可能な髪形を作って遊んだことであろう。『骨董集』の絵のように立派に私は作ったことはなく、その多くはひっつめ髪で、ススキの花の咲いた穂で、浦島太郎といって結んで遊んだことがある。

**キビガラの姉さま**——もっとも写実的に髪の雛型を作るものに「キビガラの姉さま」がある。これはトウモロコシの実苞の皮で作るもので、江戸時代にはすでに女子の間で作り遊ばれていた。これをそのままの技法で和紙で作るのが、江戸姉さま人形の髪形になっていることはご承知のことと思う。この作り方は、『守貞漫稿』にくわしく述べられてある。現在では、このトウモロコシの髪形は、特別に興味をもっている人以外には、昭和初期生まれの婦人ぐらいまでが、遊び止りである。最近はこれが郷土玩具となり売られており、とくに鳥取のキビガラ姉さまは有名である。

**オカンジャケ**——同じ髪形の遊びもので有名なのは、静岡市の郷土玩具「オカンジャケ」である。これは信仰的なものから発したものだが、子どもの髪形作りのおもちゃである。夏の七月十九日、二十日、静岡市内久住山洞慶院の祭日に参道で売られるもので、竹製である。若竹の先をたたいて麻糸のようにし、つぶして彩色したものである。土地の子どもたちは、オンタンタケ、サイハラサンなどと呼び、女の子は髪結い遊びに、男の子は戦さごっこの采配に使った。

オカンジャケという名について、柳田國男は次のように述べている。

「オカンジャケは御鬘竹かとの説もあるが、私は御髪下ゲ即ち上臈の意であらうと思ふ。オシヤシヤケは方言でシヤク、即ちひしやぐから出て居るのだが、是と髪下げとの二つが触合すると、斯ういふ珍らしい名も出来るのである。」（『分類児童語彙』上巻）

オカンジャケは、すでに作られたものを子どもが髪形作りをするものだが、始めからそのために作られたのでなく、信仰的なものだったのを、手遊びものに子どもたちがかえてしまったのである。そしてこの遊びの中から多くのオカンジャケのわらべ唄が生れた。

**イネカブアネコ**——このアネコは東北、秋田県平鹿郡あたりの髪形を作る遊びで、稲刈り後の株を引き抜いて根をよく洗い泥を落したもので、干してから髪形に結ったものである。本来は農耕の神様として祀るもので、稲株を神の姿として祈ったのである。これは、先に述べた草人形の形式よりももっと神そのものであった。これが信仰の薄れからか、ながい歴史の間に失われて、わずかに子ども遊びの中に伝承されていたものである。アネコとは新たに嫁にきた息子の嫁のことをいうらしい。青森県三戸郡ではこれを「カブジンジョ」という。ジンジョは人形のことである。土地の人はこれを地蔵のつもりでいる。また「ヌカベ」ともいうが、刈株のあとの名をいうのである。

いずれにしても、これがもと農神であるとは知らず、子どもたちは、秋の刈取りのあとすぐ引き抜き、それを雪の降る冬の炉端で作っていたもので、さまざまな知っているかぎりの髪形を結い、紅い小布をつけたり、ときには大切な香油までしみこませて、母親が子どもに与え遊ばせた。そのやさしさは、わが子の女性として心得るべきことを遊びの中に育てようとする無意識な親心ともいうべきであろう。

**オキナグサ**——これまでの髪形を作る草遊びは、どちらかというと、母親や年上の姉が作るもので、技術的に子どもにとって高度なものであった。またそのむずかしい作り方を母親や年上の姉に手をとって教えられて、伝承されてきたものであった。ところが幼い子どもとなるとかならずしもうまくできるものでないから、いやになるともっと面白い遊び方をしたいものである。このオキナグサは髪形遊びに近いわらべ遊びで口遊びがついており、幼い子どもたちはよろこんで、陽春の日向で声を張りあげて遊んだ。

オキナグサは春になると雑木林のへりなど、あたたかいところに生えており、花弁の外側が銀色の毛で内側のエンジ色を包むように花の咲くものである。そして花がしまいになると、そのあとに白い毛の玉の実ができる。この白い玉で子どもが遊ぶのである。オキナグサとはこの白い玉が老人の白髪に似たところから名付けられたものらしく、標準名として書物などに誌されるが、ところによっては、カワラノオバサン、稚児の頭のようだからチゴまたはチゴチゴ、カワラチゴ、モノグルイやシャグマ、オバケ、テンマリグサ、シラガクサなどと、花の色と形から子どもなりの考えで名付けられている。

この白い玉毛の遊びは、まず口の中に入れて唾でぬらして口をつぼめたままで玉を引き出すと筆のようになって出るので、文字を書く真似をした。だからフデクサともいう。女の子はこの白毛の玉を指先で分けて髪を結った。そして結いながら

　川原のおばさん、髪たぼ出しな
　　髪が無ければ、たぼ出しな

などといった。そしてしまいにはカワラノオバサンでなくビンダボグサなどというようにもなった。

オキナグサ
（村越三千男『大植物図鑑』）

茨城県ではこのオキナグサをモンメモジロといって、白い玉毛をなめなめ

　モンメモジロの花はイド（糸）より細い
　細けりやうめろ、うめると太い、
　太けりや　けずれ……
（茨城民俗の会編『子ども歳時記と遊び』）

などとうたいながら遊んだ。

　以上、古くは源仲正の歌から、江戸時代に遊ばれたもの、後になって民俗に残ったものまで、草人形（草雛）を作るための髪形、または髪形だけを作って遊ぶものを誌した。

　草人形を作るために、まず髪形を作ってのちに『骨董集』記載の「ひいな草」のように紙で衣服を作る考えは、近世のもので、女性の風俗において髪形が次第に技巧的になってからのものである。また、専門の人形師が作る雛人形の影響も少なからずあったものと思う。

　これまで述べてきた髪形を主体としたものと異なり、みどりの草葉や茎を材料とする草人形もある。ただ共通して頭の部分が略されて、髪形を無視したところが、なにか呪詛をこめられたものらしく見え、できあがってみると再びさわろうとする手も鈍るのは、私だけであろうか。

**フキ、ヤマゴボウの人形**――これは江戸時代からあったらしく、天保年間に刊行された喜多村信節《きたむらのぶよ》『筠庭雑考』に図入りで記載されている。

「ひな草、姫瓜の人形のたぐひにて、款冬《ふき》、商陸《やまごぼう》などの葉をもて人形作ることあり。ここに図をかくは商陸葉なり。如レ此折て、横に二ツに折りたる葉を、

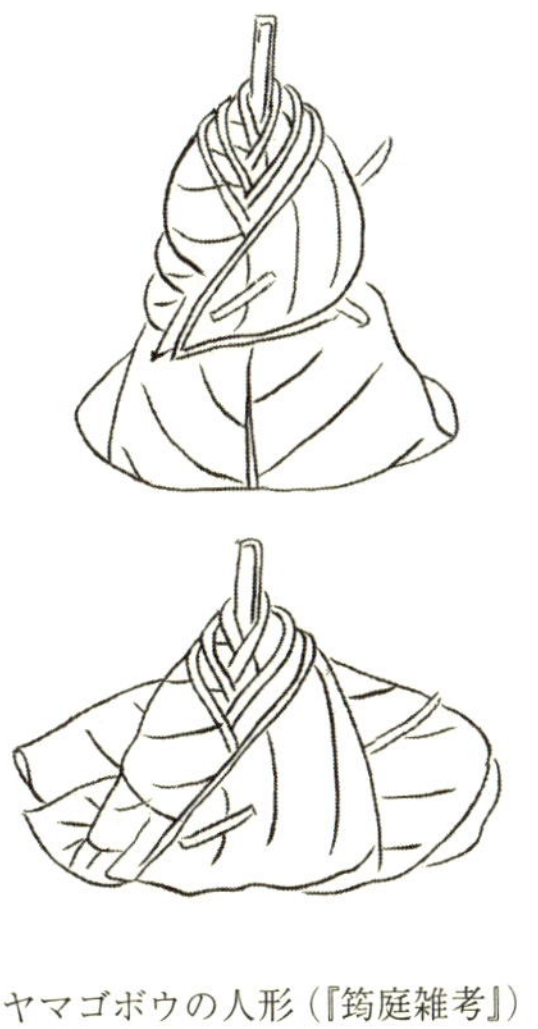

ヤマゴボウの人形（『筠庭雑考』）

幾重にてもかさね着する事図の如し。竹のそぎ又楊枝にても着す。長ければ太刀のやうなり。是を雄とし、雌は是を短くするなり。」

とある。その図は後出のヤブカンゾウの草人形とほぼ同じである。私はこの文献を見ながら試みたことがあるが、大小の葉の選び方をこころえて、中芯の茎と葉の包みが抜け落ちぬようにすることが大切であることを知った。しかしできあがって近所の子どもにこれはなんだと見せると、人形とは解しがたく、逆に質問される始末であった。現代の子どもにはすでに、粗末な草の内裏雛を人形として見る目もなくなった。いやそれどころか、草の名前までも知らない子が実に多いことである。

カキの葉人形――霜が降りて、採り残したカキの実が秋空に照り輝くようなころ。カキの葉は赤く色づいてその色もさまざまであった。子どもたちはその葉を一枚一枚拾いあげて、ママゴト遊びをした。いつごろから始まったのだろうか、この紅葉した葉で人形を作ることが子どもの遊びに生れた。まずカキの葉を二つに折って真中に穴をあける。別の一枚のカキの葉をたたんで体というより芯にして、その折先を葉の穴から出して頭とした。そして茨の刺などをさして留めた（所によっては後述のヤブカンゾウ人形と同じ作り方をする）。他愛のないものだが、ママゴトや人形さんごっこがこの季節に始まると作って遊んだ。ところによると、カキノハジンジョといっている。（「カキの葉人形」の項参照）

ヤブカンゾウの人形――この草を私が幼いころはニンギョウグサと呼んでいた。ところによるとネンネコサマグサとかネンネグサ、オシナグサといっている。どちらも人形を作ることから名付けられたものであろうが、この草の葉が芽生えるころに着物を重ね着した衿もとのようになるところにも、名付けられた意味があった。またネンネコとは嬰児のことであるので、作った人形のかたちが、おくるみされた赤児のようであったからである。

この草は陽春になると、山林のへりや川の土手の陽あたりのよい所に、浅緑色の幅広い長い葉を出して生えていた。子どもたちは暖い風に吹かれながらママゴト遊びをすると、きまってこの草を求めてきて、人形さんを作った。

作り方は、一枚の葉を折ってからだにし、この芯葉を中心に他の葉を重ね着させた。もちろん衿もとを少しずつずらしながら、葉の枚数は五、六枚重ねたであろうか。そして、細い枯枝などを千切ってさし止めて作りあげた。頭も葉で、体も葉、緑いっぱいの手のない立雛のようである。子どもたちは、これだけでは内裏雛にならないので、男雛には冠としてスズメノヤリ（カラスノオコワ、シバイモ）の穂を頭の部分にさした。女雛には花かんざしとしてレンゲソウの花を頭にさした。二つの人形が揃うときれいな石にこれを立てかけ、木の葉に盛ったいろいろなごちそうを供えた。こんな遊びをするころは、月おくれの三月の雛節供も近く、ヨモギ草の餅をつくために、春の野原には摘草をする人がまばらに見えるころで、ヨモギを石の上でたたいて草ダンゴを供えることも忘れなかった。あるいは春の禊《みそぎ》の流し雛も、まだ茅《ちがや》が出ないために、三月節供のころ芽生えるこの草が古くから形代として用いられたのではないだろうかと思った。

これまで草人形のことをできるだけ資料や民俗の中に求め、私の経験などを含めて述べてきたが、まだ盛りきれずもれたものもある。たとえば『骨董集』に記載され

ヤブカンゾウ

ヤブカンゾウの男雛・雌雛

「八月朔日　姫瓜雛図」(『骨董集』)

た「姫瓜人形」は、『枕草子』にある

「うつくしきもの、
うりにかきたるちご
のかほ……」

のことで、小さな瓜に白粉目鼻を書き入れて、紙の衣を着せるものであった。また、フキの茎の皮を集めて髪形を作ることなどがあった。このほかに、紙雛や草人形からの影響で作られた「姉さま人形」、さらに「着せかえ人形」などと限りなく発展するが、草を主体にした人形ばかりにしぼった。

　現在、これらの草人形はすっかり忘れ去られてしまった。それは子どもの生活圏から自然が奪われて草を材料に遊ぶ子どもがなくなったためである。また、これを助長するように子どもの遊びが横の組織となり、草遊びの伝承を伝える縦の遊びがなくなったせいもある。かつて姉や年上の女の子が手をとって教えてくれた草人形作りは、次第に遠い過去のものとなってゆく時代となった。

# 草笛

草笛の音は聞くものにとって、哀愁にみちたふるさとの思い出をよみがえらせるものである。とくにふるさとを離れて見知らぬ土地で聞く草笛の音は、いずこの子らが吹いても同じ音色で変りなく、昔なじみに再会したような情懐にひたり、切々と望郷の念にかられる。

## 音を発見する喜び

草笛とは童心の歌であり、ふるさととの讃歌であった。ましてや夕暮れの野路の彼方から聞える草笛の音は、そこはかとなく哀感をおびてくる。この感傷は、藤村の千曲川旅情そのままに、古の時代にさかのぼり、平安時代末期の中務卿宗尊親王の

日ぐれぬと山路をいそぐうなゐ子が
　草刈笛の声ぞさびしき　（夫木和歌抄《ふぼくわかしょう》）

と歌う心に通じるものである。

さて草刈笛とはどのような草笛であるのかわからぬが、木の葉笛か麦笛のようなものか、私は詮索をせず素直に草笛として理解したい。この草刈笛はこの歌よりも以前に刊行された『宇津保物語』に

「人の遊びせん所には、くさかりぶえ吹くばかりの心どもにて、いと無心にて侍り」

とあり、九百数十年以前の昔から子どもの季節草遊びであったことがうかがい知れる。しかし『夫木和歌抄』以後には草刈笛の文献も見当らず、この和歌抄にある西行の歌、

うなゐごがすさみに鳴らすむぎぶえの
　声におどろく夏のひるふし

にある麦笛が、草刈笛にかわって登場してくる。くだって延宝のころの発句に

麦笛や折から蟬に一声あり　栄也

麦笛や夜毎に人の在所より　栄也（『洛陽集』）

などとあって、子どもが吹き鳴らす麦秋のころの初鳴きの蝉や、麦笛を吹き鳴らしながらやってくる里人の野趣溢れる情景を想像する。先の西行の歌のように、昼寝の夢を破るような烈しい吹き方をする子どもの麦の刈入れ時の遊びの様子は、昭和三十年代まではどこでも見られた風景であった。

その他に、『和漢三才図会』に

「大小麦共中空白色……小麦稈厚硬、小児用以作笛之。謂之麦藁笛」

とある。また小林一茶『七番日記』には

むら雀麦わら笛にをどるなり

という句があり、野路を行く子どもの吹き鳴らす麦笛を思う。

草笛は古くから子どもの笛であり、麦笛は幸いにして記録されているが、ひなびた草笛であるスズメノテッポウやタンポポの茎笛など、ほか多数は、子どもの世界で発見され、子どものみが伝えたものであろう。子どもはおとなの知らぬ間に音の出る草を発見し、遊びつづけた。

## 子どもたちの草笛

子どもがはじめて音を出すことを知る体験は、乳幼児のころ涎を流しながら唇で鳴らすブーブーである。やがて三歳ごろになると、どこで覚えたのか腕や掌を唇に当てて息を吹きつけて鳴らすブーブーが始まり、さらには紙や草の葉を唇に当てて音を出すようになる。そして手をたたき、物をたたいて、次から次へと音の世界をひろげる。既製の音の出る仕掛け玩具が幼い子の身のまわりにありながら、こうした音を出す動作の方に喜びをもつのは、音の発見が、働きかける遊びの結果であったからである。

草笛は軒下遊びから外遊びに移行する五、六歳ごろの子どもたちが、年長の子につれられて覚える草遊びで、子どもたちは自然の動植物に働きかけて遊ぶ世界から、さまざまな教訓を学んだ。草笛にしても、最初に吹くと音の出ることを発見した子どもの驚き、喜びは大変なものであったであろうと想像する。時代や土地が異なるそれぞれの子どもたちの発見が重なり合い、現在では音の出る草として定型化した植物を、次に紹介する。

ここにいう草笛とは単に草で作る笛をさしたものでなく、木でも草でも、また葉でも茎でも実でも、完成された管楽器のような笛でなく、笛に至らぬ草を感じるもので、吹き鳴らすものを草笛とした。

前田勇著『児戯叢考』（昭和十九年刊）に、この草笛について、

> 木や草の葉を管状に巻いて吹くのを草笛と云ふのは如何にも物と名の一致で自然な事であるけれど、その葉をそのまま唇にあてて吹くのまでを同じ名で呼び、それで少しも怪しまなかつたのは、単に語の転用と云ふだけでなく、それ以上に必然性もあつたのである。大体フエと云ふ語原そのものからして吹枝《ふきえ》、或は吹柄《ふきえ》の略ではないかと考へられてゐる様に、フエに於て「吹く」は本質的な属性であつた。それゆゑ口笛がフエであるは勿論、草木の葉をそのまま唇にあて、吹くのさへも十分フエであり得るのである。

私はこの先学の師の説に従い、それらを総括的に草笛として取りあげた。

**スズメノテッポウ笛**——春になると田園の湿った所や溝のへりに、白緑色の葉茎の中から円柱形の花穂が出てくる草がある。これを標準名でスズメノテッポウと呼んでいる。スズメが鉄砲をかつぐとしたら、このようなものであろうと名付けたのが、おそらく命名のもとらしい。鉄砲より槍によく似ているのだが、と思ったら、他の草にスズメノヤリというものがあるので鉄砲になったのであろうか。鉄砲でも槍でも昔のことで、戦国時代の雑兵がかついで整列

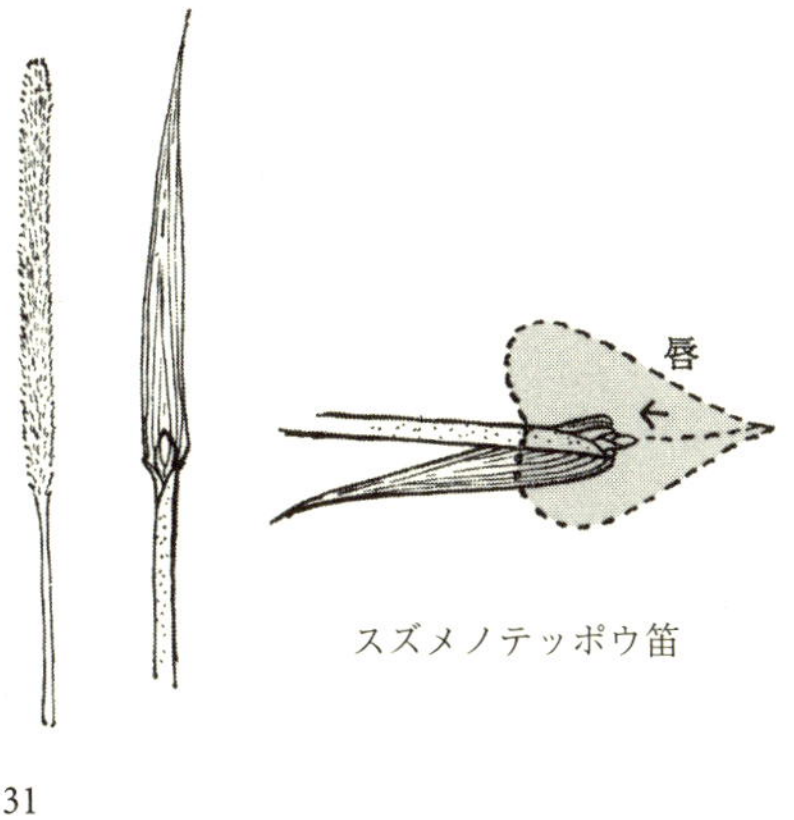

スズメノテッポウ笛

した時は、この草の花穂がのびて群生する様子と同じで、雀なら鉄砲をかついだ姿にふさわしいと命名したものであろう。『日本植物方言集（草本類篇）』によれば、この草の方言で槍とか鉄砲のほかに花穂から命名したものに、ヤリモチ（槍持：山形）、フデクサ（筆草：香川、愛媛、熊本）、オセンコ（線香：長野、高松）などがあり、子どもたちの連想はそれぞれに面白いものである。岩手、山形ではこの草をカリカツギという方言があり、狩猟《かり》が担ぐので鉄砲を意味したものがあるが、なんといってもこの草の花穂を抜いた残りの茎を口に含んで吹く笛の方言が断然多い。代表的にはピーピークサで、神奈川（足柄上）、新潟、福井（今立）、和歌山（東牟婁）、岡山市、島根（美濃、能義）、愛媛（周桑）、大分市、鹿児島市などである。ヒーヒーグサでは、長野、熊本（玉名）、ビービグサは、岐阜（恵那）、岡山市、熊本（玉名）などがある。このほかにはホッピョ、ピッピグサ、フエクサなどと、音を出すことからの命名が、花穂の形からの命名より多い。それだけこの草の笛遊びは全国の子どもに知られていたのである。私の生れた日光方面でも、前出の本に記載はないが、ピーピグサといっていた。遊び方を思い出すと、子どもたちはまず草を採り、花穂を引き抜く。残った茎の上の方が巻状になっており、そこに葉が一枚残ることになる。その葉を下に折りそのまま口に含んで息を吹きこむと、かすかにピーと音が出る。私の幼いころはこの草を鳴らすとき、「あんまさん、あんまさん、鳴らしておくれ」と、口でまじないを唱えて吹いた。そしていっぺんで鳴ると明日は天気だといった。または「梅干スッパイピー」といって、はじめ梅干スッパイといってからいそいで草を口に入れて、ピーは草の音で言葉にかえた。もし鳴らないと、甘いぞ！　というなりその草を捨てて、別の草を採って再び唱えながら吹いた。言葉と音をまぜあわせた遊びで、唱えどおりに鳴ると、ただそれだけで子どもたちはゲラゲラ笑いこけた。

こんな草遊びは、春の夕暮れ時、野遊びで疲れきって帰る道すがら遊んだ記憶がある。（→「スズメノテッポウの笛」の項参照）

**麦笛**――道草とは馬が途中で草を喰い、なまけることから名付けたといわれるが、子どもたちの道草とは学校帰りの草遊びや魚捕りである。

麦の穂が出る五月ごろは暖く空気がさわやかで、野も山もそして小川も、本来の姿を取り戻して生き生きとして、子どもたちはそのまままっすぐに家に帰る気がしなかった。時には小川をさかのぼる小ぶなを手でつかまえたり、雲雀の巣をさがしては麦畑の中を駆け回っておそく帰宅するので、母によく叱られた。

麦笛は生きものを捕えるときよりも比較的軽い道草で、近所の友だち数人と、麦畑に入って「黒んぼ」という病気の麦穂をさがして抜いた。このごろでは麦を作る農家が少なく、やっと耕作地をさがしても昔のような黒んぼの麦穂は見あたらなくなった。農薬が充分に効果をあらわしているようである。以前に秩父方面に行った時、私はなつかしさのあまり童心にかえって麦穂を千切って笛を作ろうとしたら、農薬がついてますよ！　と突然、郵便配達の人にいわれて、恥かしい思いをしたことがある。

かつては農薬などは少なく、一反歩の畑に黒んぼが数十本は出ており、子どもたちが畑に入るとよく叱る農家の人も黒んぼを抜き採るときには叱らず、「おとなって勝手だな！」と思ったものである。子どもたちは片手いっぱいに黒穂を採り集めると、あまりのびすぎた穂をすてて、穂が出て間もない短いものを残した。茎もとの方を五センチぐらい切りとり、歯でかみつぶすか、二つに割るか、いずれのやり方でも茎の割目を口に入れて吹いた。音はビーと鳴ったり、ブーと鳴ったりするが、その調節は、茎をはさんだ唇を開きかげんにしたり、つぼめたりすることによって行なった。この麦笛を作るときに、黒んぼは食べられるとガキ大将がもっともらしくいうと、小さい子どもは本気で口の中に入れて、もぐもぐやった。そしてペッと吐き出すと、真黒い唾をだらりとたらし、それが幽霊に似てるといって、さわいだ。女の子はこの黒んぼを使ってヤイトゴッコをやった。タンポポの茎を切って乳液を出して腕に印を押し、そのうえにこの黒んぼの穂をたたくと、黒い粉が乳液についてお灸をすえたようだったからである。

麦笛は小麦の稈の方が細く強いのでよく笛にしたが、大分県の子どもたちが作るモンカラ笛は吹くというより吸う息で鳴らすものであると『児戯叢考』に記されてある。それは小麦の稈の一節を残して一二センチぐらいの長さに切りとった茎に、別の麦稈を管にさしこみ、次第に割れて節の六センチ手前まで割れた所で抜きとり、割目を口に入れて吸う息で鳴らすという。試みてみないが、吹いて鳴らすほどの音は出ないものであろう。

**タンポポの茎笛**——陽あたりのよい道端などにタンポポの花が枯草の中にぽっかりと咲きはじめると、春の先ぶれのあかりのように、あたりが春めいてくる。こんな風景を西洋では、お星さまの落された金貨というそうであるが、わが国のタンポポ名のおこりは、タンポ(綿玉)の穂になるからタンポポという説と、鼓の幼児語から名付けられたという柳田國男説がある。

タンポポの茎で笛を作って遊ぶことから名付けられたタンポポ名には、ピーピーバナ(神奈川〔愛甲〕)、ビビバナ(秋田〔雄勝〕)、ピンピバナ(千葉〔夷隅〕)、フイブイ(三重)、シービビ(兵庫〔有馬〕)などの方言がある。シービビは麦笛に対しての呼び名であるところがあるが、タンポポ笛は麦笛と作り方が同じく、また音色も似ている。

タンポポの茎笛はただ吹き鳴らすだけのもので、麦笛と変らぬものだが、長野県の上伊那のあたりでは、長い茎の細い方に割を入れて吹き、吹くたびに先端になる太い方から順に切ってゆくと、ドレミファソラシドと鳴ると、竹内利美著『小学生の調べたる上伊那郡川島村郷土誌続編』(昭和十一年刊)に記載されている。これは小学校の音楽教育の影響で、草遊びの自然教育の成果であると思う。(→「タンポポ遊び」の項参照)

**カラスノエンドウ笛**——五月に入ると、川の土堤や原っぱの隅に赤ムラサキの花が咲き、まもなくサヤマメができる。このつる草にサヤエンドウのような小さい実をつけることから、カラスノエンドウと呼び、同じつる草で豆がもっと小さいものをスズメノエンドウといっている。なぜカラスノエンドウか、実莢が熟すると黒くなり自然にはじけるからなのか、はっきりしないが、他の雑草にもカラスと名付けた草が百余種あり、名付けのもとを考えてみる必要がある。ところによってはこのつる草を、ウシエンド（熊本〔玉名〕）、キツネマメ（山形〔東村山〕）、イシマメ（鹿児島）、クサエンドウ（千葉〔安房〕）、カラスマメ（和歌山〔有田〕）などと呼んでいる。

　このつる草の実莢で作る笛の遊びからの命名としては、シービビ（石川〔鳳至〕、兵庫〔津名〕）、シジビーピー、シビピーヤー（長野〔更科〕）、シビビ（福井〔今立〕）などがある。シービビの名は、麦笛、タンポポ笛と同じであるが、シービビと吹き鳴る時の音が同じなら、子どもはどの名でもよいということであろうか。しかしこのカラスノエンドウの実莢笛は、シーと弱く吹くと鳴るものではなく、はじめはブ、と短い音がしてピクリと莢が閉じて音がやむ。軽く吹いたり強く吹いたりして何度も重ね吹くうち、ブーとつづけて鳴るようになる。シービビとは感じないが、吹き鳴る音は、麦笛やタンポポ笛と似ているので、その音色から付けたものと思う。

　この実莢の笛は、実が熟してふくらんだ莢ものを採り、ツルもとの莢を千切って割り、中の白い種を取り除く。取り除いてのち、もと通りにしてから、千切った莢もとの反対の方を、割目を上にして口にくわえ、息を吹きこむと音がする。快調に鳴ると意外に大きな音がする。

　五月の連休どきなど、郊外や河原の堤、公園などでこ

カラスノエンドウ
（村越三千男『大植物図鑑』）

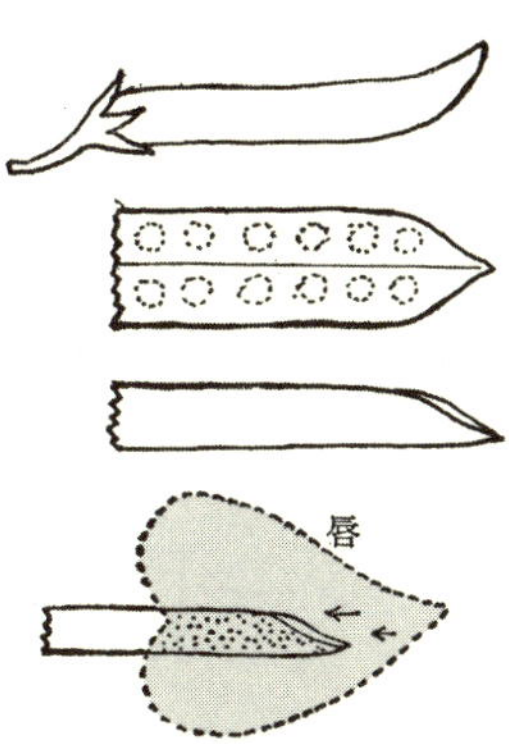


カラスノエンドウ笛

の笛を吹く親子づれを、昭和三十年代にはよく見かけたが、タンポポ笛や麦笛などとともに、すっかり聞かれなくなった。春の草笛としては、はでな音の出るものであるが、意外に知られていない草笛である。

**菖蒲の茎笛**――月おくれの五月の節供ごろになると、菖蒲は太くなって、沼の縁に生えていた。旧暦五月五日の午後、蓬と菖蒲を軒下に飾るので、わんぱくどもと採りに行ったことがある。自転車の荷台いっぱい採り集め、町角で分けていたら、町の花屋で一束三銭で売っているとよそのおじさんがいうので、それじゃみんなで売りに行こうかと相談したが、もちろんかけ声ばかりで実行できなかった。そのかわり菖蒲を四ツ編に、棒状に長くして地面にたたきつけて音が出るのを競って楽しんだり、菖蒲で鉢巻をすると頭がよくなるといいながら、やたらと鉢巻を幾重にもして遊んだ。そんな時、菖蒲で笛を作って自慢そうに吹き鳴らしながら現れた友だちがいた。すると年長の子が、「なんだめずらしくもねえや！ニンギョグサ（ヤブカンゾウ）の笛と同じでねえか！」といった。他の友だちもそれを聞くと笛を作ろうとするものがおらず、それよりも薄暗くなって外燈が明るく、それぞれが家に帰りたくなっていた。町角から菖蒲を抱いて家に帰ると、軒下に飾るために蓬と菖蒲を待っていた父に叱られ、風呂を沸かしていた母から菖蒲湯ができないと小言をいわれた。

五月の節供と菖蒲のことを回想すると、菖蒲の香りとともにさまざまなことが思い出され、それだけ節供と植物の関係、それにかかわりのある子ども時代の遊びが、私には駈けめぐるように浮びあがってくる。

ショウブ
（村越三千男『大植物図鑑』）

菖蒲の笛は、同じような茎もとのアヤメやカンゾウの草でもできる。まず茎もとの葉が重なり合った所を切り、くだって八センチぐらい根もと近くを切りとる。そして根もとの切口を指で押えて、葉の重なる所を口にくわえて吹くと、音がする。吹き鳴らす音も面白いが、菖蒲の香りが口いっぱいにひろがり、端午の節供らしい遊びであった。

**ヨシ笛**――川端に生えているヨシは、梅雨時を過ぎるころは子どもの背丈以上になり、水の流れが見えないくらいである。子どもたちは、このヨシの芯葉を抜いてヨシ笛を作って遊んだ。抜いた芯葉をひらくと中に柔かい芯がもう一つ入っていて、その芯を取り除いて再びもどし、口にくわえて吹くと、蚊の鳴くようなかぼそい音がした。

子どもたちそれぞれが口にくわえて吹き鳴らす合奏は、低い音ながら不思議な分厚い音がして、蚊の大群がおしよせるようだった。

**シバ笛**――シバ（柴）とは山野に生える小雑木をさしていう総称だが、この小雑木の葉がどれも笛にできるわけではない。作りやすく吹きやすく、しかも軽快に吹き鳴らす音が出なければならない。その条件に合うのが、ヒサカキ、マサキ、ネズミモチ、柚《ゆず》、椿、南天などの嫩《どん》葉《よう》、いわゆる若葉である。

私はこの笛が好きで、地方の温泉宿に泊った翌朝、散歩に出かけた折など、手をのばして千切り、笛を吹き鳴らしながら歩くのが楽しくてたまらない。笛の音は谷あいに流れ、小鳥のさえずりと競奏する心地は、吹き鳴らす者の特権かもしれない。

作り方は葉茎の方を少し切り、葉先に向って巻き、吹き口の所をつぶしてタテに口にくわえてから吹くと鳴る。

このほかに、柚の木の葉を上唇にあてがい、右手人差指と中指で押えて吹き鳴らす笛がある。吹き方の調子で葉のあて方をうまくすると強い音が出る、クラリネットのような音で、草笛の中でメロディーがちゃんととれるのは、この笛ぐらいであろう。吹き鳴らす曲に一番いいのは『荒城の月』である。

昔、縁日でセルロイドで出来た十円銅貨ぐらいの円形にしたものが売られていたが、このセルロイド製の笛の吹き方は、この柚の葉笛と同じであった。三枚一組十銭で手が出なかったが、映画館の映写室でフィルムの屑を拾ってきて作ったことがある。

## その他の笛いろいろ

「イスの実笛」――正式にはイスノキの虫癭《ちゅうえい》だが、この木は南方の植物で、日本では四国、九州方面に自生する高さ二〇メートルにもなる木である。虫癭とは昆虫がこの木に寄生し産卵するために、植物が異常発育して木の瘤のようになったものである。私はまだこの木を知らぬが、新聞配達にくる鹿児島育ちの学生が、お土産といってニッケの木の根とともにこのイスノキの虫癭を持ってきてくれた。人間の胃袋のような形をしていて、中に虫が棲んでいたらしく、成長して穴を開けて飛び立つ。だから木の実のような虫癭を採って何も工作はせずとも、穴に唇をあてて吹き鳴らすことができた。学生の話だと、この虫癭を採って家の中に持ちこむと、母が強く叱ったといっていた。それは、夜になってゴソゴソと虫がはい出すからである。

この虫癭がイスノキには簡単に寄生するらしく、この虫癭で子どもたちが笛にして遊ぶことから、ヒョンノキ、サルブエ、シシブエ、ヒョウヒョウ（九州方面）などと、笛の音がそのまま木の名となっている。

「ヒョウヒョウ栗」――栗の実の一人っ子、と子どもたちがいうイガの中にたった一つだけの丸い実をさがし出し、これをゆでて先端を少し切って穴を開け、丹念に中の実肉を釘の頭などでかきだす。これを口にあてて吹き鳴らしたり、実の底に糸をつけて回すと、風を切りヒョウヒョウと鳴る。こんな遊びからヒョウヒョウ栗と名付けられた。

この一粒種のヒョウヒョウ栗は食べるとうまいのだが、私の兄などは、この栗を食べると親兄弟を離れて一生一人さびしく暮すことになるといって取りあげた。兄は私の姿が見えない所でこの栗を一人で食べた。ところが茨城県の結城からきた父の友人は、一粒栗を持っていると迷子にならないから大切に持っていなさいといった。みんな都合よくいうものだな！　と幼いころ思った。ヒョウヒョウ栗の笛と同じ作り方の木の実として、ドングリ、ツバキの実、カヤの実、ソテツの実などがある。

「木皮の笛」――夏のころ胡桃《くるみ》の皮を螺旋状にはぎ取って、それを円錐形に巻いて吹き鳴らす笛がある。これを東北の二戸地方で胡桃貝と呼んでいる。貝とは法螺貝と同じく吹き鳴らすことからなのであろう。これを胡桃笛というのは新しい言葉で、孟宗竹で作った竹法螺貝からも、貝を連想する笛であった。この胡桃貝はまだ私はためしに作ってみたことがないが、幼いころ近所の建具屋のおじさんに教わって作ったカンナ屑笛と似ているので、だいたいは想像がつく。このカンナ屑笛は檜の香りがして真白く、青や赤色で大和絵風に絵付けしたものが、店先で売っていたことをおぼろげながら記憶する。

このほかにイタドリの太い茎で作った笛があったが、詳しくはわからない。また、肥後守ナイフで作った篠笛のいろいろ、ポプラや柳の皮で作る笛、アシの葉で作る「ホッポ」（長野）、パラピン紙や生紙（和紙）で作る笛と、子どもたちが作る笛を考えると、直接に植物を離れた笛までが思い浮ぶ。さらに吹き鳴らすことを逸脱すると、叩いて鳴らす音の面白さの植物玩具にひろがってしまう。

## ふるさとに流れる音色

草笛は子どもの音の発見の歴史であった。あるものは歴史に誌された草笛であり、あるものは誌されることもなく伝えられ、だれがどこで、ということもなく子どもの世界に伝承されてきた。子どもの文化とはこうしたものである。そして伝える条件がなくなれば人知れず消滅してゆくものである。

現代はまさにその消滅の一途を急速にたどり、ふるさとは昔をしのぶ面影すらなくなりつつある。戦後の高度成長期、経済発展という口実のもとになされた無計画な開発は、ふるさとの人心と自然の景観を破壊した。美しき山野の至る所に道路を敷設し、工場の設立は地元への福祉といいながらも、工場排水をたれ流して清流を汚した。農民は数年前までは増産に拍車をかけて多量の農薬を投入して小川の虫魚類を死滅させ、山には除草剤を散布して動物を追いやった。そして今度は生産調整で、休耕田として雑草を繁るにまかせると助成金が与えられるという時代である。指折り数えれば、都市周辺の問題とともに、限りなく、かつてのふるさとは人の心とともに荒れるにまかせた。

子どもの遊びの問題から見ると、こうしたさまざまの実例は、ふるさとの自然の中にある伝承の遊びを奪った。川があっても魚がおらず、伝承された魚捕法が消えた。草遊びの一つである草笛なども、農薬のことからやたらと草を千切って口に入れることができない。ましてや画一主義教育の詰込みは、子どもの遊びを奪って伝承遊戯を解消し、その結果、自然があっても自然に働きかける心が失われた。このように、どれ一つを取りあげても憂えることばかりである。

かつてふるさとを出た人は、ふるさとを思い出し、幼いころの遊びや暮しの様子をそのまま心に写し残し、いくたびも再映しては現在に生きる原点の思い出として、心の作業を繰り返した。

だが現代のふるさととの変貌はあまりにも激しく、心の中のふるさとと現実のふるさととの違和感を味わう。今やふるさとは心象風景として残るのみとなり、草笛の絶えいるような音色が流れてくる。

ふるさとは遠きにありて思うものである。

# ネコヤナギの綿毛

早春の雪解け水に揺らいでいる北国のネコヤナギの美しさは格別だが、雪の降らない土地の田んぼや山裾の間を流れる小川のへりに、暖かそうな銀鼠色《ぎんねずみいろ》の絹毛の花をつけたネコヤナギもまた、早春を感じさせる農村風景である。

ネコヤナギとはカワヤナギのことで、漢名では水楊《すいよう》と書くが、農村などで使用するヤナギ（楊）とはこの水楊をさしていうので、一般にいう枝垂れ柳のヤナギではない。それにもかかわらず、猫柳とか川柳と「柳」の字を書き表しているのを不思議と思うのは私だけだろうか。

「柳」は枝垂れ柳の一種の名で、水楊のような立ちヤナギ類はみな「楊（やなぎ）」であるからである。このようにうるさく考えるのも、カワヤナギはミズキとともに農村にとって小正月の予祝《よしゅく》の繭玉や餅花《もちばな》を付ける斎《ゆ》の木であり、苗田に挿す水の神、田の神の憑《よ》られるヤナギであるからである。

私たちが単にヤナギというと枝垂れ柳の柳を想像しがちだが、農村にとってヤナギとは、年神の憑代《よりしろ》の木であり、また生活の実用材として、白楊《はくよう》（ドロノキ）とともに必要なもので、昔は新設する野川の土止めの用材でもあった。そのために農家のまわりや川べりにはカワヤナ

ネコヤナギ
（村越三千男『大植物図鑑』）

ギが昔から至る所にあり、早春には雄花が見事に咲き競い、ついこの間までの農村の風景を彩っていた。

こうした生活周辺のカワヤナギは大人たちにばかりでなく、子どもたちにもさまざまな遊びを与える木であった。とくに花と思えぬ綿毛の玉は、頬《ほお》がこわばるような寒風の中にある子どもにとって、どんなにか暖かく小猫がうずくまるように感じたかも知れない。カワヤナギをネコヤナギと命名した気持が、わかるような気がする。

ところが子どもの想像は大人のように一つの名にこだわらぬ自由な世界をもっているもので、ネコばかりでなくイヌコロ（和歌山）、イヌコヤナギ（仙台）、エッコ（福島）などと、イヌの名もネコに負けないほどの方言がある。こころみに江戸中期の方言辞典『物類称呼《ぶつるいしょうこ》』を見ると京では、エノコロヤナギ、江戸ではサルコヤナギであり、ネコの名はなくサルの名が出てきた。

サルコヤナギは柳田國男の『全国方言集』によると、千葉、埼玉の近接地にある。私などはチンコロヤナギで、やはりイヌであった。こうした命名は観賞名でなく、この雄花をとって左右の掌を合わせて揺すぶるか、左右の人差指に挟んでもみながらうたう、うたい言葉からのものが多い。福島県でエッコといったり、秋田県でコチコチというのも、

エッコ　エッコ
尻尾出せ　尻尾出せ（福島）

コッチコヨ　コッチコヨ
柳の下で　大きくなあれ
今にネコきてくんて（秋田）

などという遊びからの名である。岡山県、鳥取県でトウトウというのも、この花をイヌに見たてて、イヌを呼ぶ言葉が名付けられている。岐阜県の神岡鉱山あたりでは、

ネコネコおんぼ
ネコおんぼ（ネコの尾）

ネコになあれ
とと（魚）になあれ

と唱えながら、綿毛が長く伸びるようにしてその長さを競う遊びがある。カワヤナギの花が黄色い花粉にまみれると、この遊びも忘れられるが、男の子はこの木を切り採り、刀や笛を作った。カワヤナギの皮を筒状に抜きとる作業はなかなかむずかしいが、これが出来ないと昔の男の子どもたちは、肩身がせまい思いをしたものである。

また岐阜の神岡では碁石ほどの太さのカワヤナギの枝を輪切りにして、半分を黒く塗り碁遊びをしたと聞く。私はふと、朝鮮の「柶戯《ゆっのり》」という赤荊《はぎ》を切って作る四個のさいころ遊びを思い出した。

最近では、農村の小川の多くはコンクリートで川べりが固められ、カワヤナギはいつの間にか失くなり、虫や魚のいない水が流れるだけの川になった。私の自然に寄せる心は、ヤナギの下のドジョウを捕るようであろうか。

# ツバナ摘み

ようやく気温がゆるんで、冬眠していた蛇が日当りのよい路傍の枯草に現れるころは、針のようなツバナ（茅《チガヤ》の芽）が葉に先立って芽生えるころである。とくに野焼きをしたような土手の南斜面にはツバナの芽生えもよく、鞘《さや》が段だんに重なりあったものは少し焦げ目もあるが、よく肥えていて子どもらが一番喜んで摘むツバナである。

このようにツバナが群生したところを子どもたちが見つけたときは、ツバナ摘みのわらべ唄があるにもかかわらず、どの子も唄どころではなく、夢中になっておいしそうなツバナがなくなるまで争って採りつくす。そして、

チガヤ（ツバナ）

もっと欲しいな！

と思ったり、なかなかおいしいツバナが見つからない日は、思い出したように次の唄をうたう。

茅花《つばな》けん　まめ茅花
今年の茅花はようでけた
活けておくより摘んだ方がましじゃ
耳に巻いて　すっぽんす（大阪）

などと、目を皿のようにしてさがす。また東京の子どもたちは、

茅花　茅花　一本抜いてきりきり
二本抜いて　きりきり

と昔はうたいながらツバナを採った。そして都会となってツバナが身近かな所に無くなっても、この唄だけが残

り、街の中でうたいながらツバナを摘む真似ごとをして遊んだそうだ（『日本の児童遊戯集』大田木次郎編）。

静岡県の子どもたちは、

つんばな　つんばな　鼻へ巻いて
目へ巻いて　耳に巻いて食べまいか
嫁にもくれまい　なあ婆さ

などと子どもがお爺さんになったようにうたい、あんまりおいしいから嫁には食べさせないとうたう。この他にツバナの唄は奈良県で、

茅花　茅花　耳にまいてたべましょ

それから兵庫県の子どもらは、

つうばな　つばな　耳まけすっこん

というわらべ唄がある。どれもこれも耳や鼻に巻いてとあるが、これは白い綿の花穂でおいしいツバナであって欲しいという呪《まじな》いだといわれている。

その呪いとは、摘み採った花苞を割くと、ときどき中身が赤く大変不味《まず》いツバナに出会うことがある。呪いはそうしたまずいツバナではない、耳や鼻にそっと巻くとやわらかい真綿のようなおいしいツバナでありますよう祈るからである。もう一つには花茎がのびて銀白色の穂花が咲くが、そのやわらかい真綿のような感触を鼻や耳に当てて楽しみつつ、ふわふわの綿の花穂を口に入れるということである。

まだ開かぬ花苞と、花が開いて種が点々とある綿のような花とでは、開かぬ花苞の方が甘く、開いた綿穂花は口の中に入れるとゴソゴソして種があり甘味の薄いものである。またツバナを食べるという話の多くは、春先の針のような花苞の中身を食べることで、綿のよ

うになった花穂を食べる話はあまり聞かない。しかし花穂でも紫色がかった花穂の初めのころなら、あるいは食べられるかも知れないが、試食したことはなく確答できない。

さてこうしてうたいながら身孕《みはらみ》の花穂苞を求めて土手や荒れた路ばたなどを歩くと、不思議とたくさん採れたときは、うた声は大きく、どうしても見あたらないときはうた声も小さくなってゆく。こんなときに高知県の子どもたちは、

つんつんつばな　人の目に見えな
　おらの目に一寸見ええ

と、おいしいツバナは自分だけが見つけることができても、友だちには見つからないようにとうたいながら、早く採りたい、たくさん採りたいと夢中になってさがすのである。

その後、みんなこころゆくまで満足すると、両手に余るほど摘み取ったツバナで、ツバナふりの遊びが始まった。それぞれが数本ずつ出し合って、順位を決めてから先攻者がふり投げた。ツバナは千々に乱れ落ちて、いくつかの重なりとます目ができると、その中にツバナを数本、周りのツバナに触れぬようにつき立てて、見事に成功すると、つき立てた数だけ取ることができた。

春風に吹かれ、草笛も草人形作りも忘れてただただゲームに夢中になり、いつのまにか日暮れて帰るころ、あれほどツバナを取りっこしたにもかかわらず、ツバナはみんな枯草に捨て去った。

# ツバキの人形

立春が過ぎても朝夕の寒さは変わらないが、それでもツバキの花がほころびてくると

どれどれ春の仕度にかかりませう
赤い椿が咲いたぞなもし　白秋

とうたわれるように、たとえボタ雪が降ろうが春はもうすぐやってくる季節である。

ツバキは日本特産の植物といってよいほどの花木で、一般に暖地の常緑樹とされるが、北限は秋田、青森の海辺近くまで自生しているといわれるので、花の季節もさまざまだが、いずれも春を告げる花として、春を待つ人々の心を託したものであった。

そんな願いを込めたのか、伝説に山の八百比丘尼《やおびくに》（不老長寿の山姥《やまうば》）がツバキの杖を突いて里に春の言触れを告げにやってくるというのも、この花に春をかけていたことがわかる。ましてや子どもたちにとって、長い冬の厳しさから解き放される春の暖かさは、待っても待ちきれぬことから、山姥が里にやってくる前に春を見ようとするいたずらに、ツバキの固いつぼみを無理に開いて確かめようとした。こんな遊びが北関東の子どもたちの間に伝えられている。

ツバキ
（村越三千男『大植物図鑑』）

この遊びはツバキ玉人形といって、八重ツバキのつぼみを採ってきて、口の中に入れて温めてから、つぼみを一枚一枚はがしては下にかえし、いたわるように、丁寧に、まるで傷口に触れるかのようにしながらむき下ろすと、やがて固い紅い花が春のようにポッカリと現れる。さらに温めてむき下ろして紅い砲弾のようになると、これを人形さんとした。

昭和三十年代の話だが、群馬県の片田舎の村落を通った時に、老婆がツバキの木の下でこの人形作りをしている姿を見たことがあった。孫の子守をしながらせっせと作る老婆は、

「仏の前におわしますれば　花の音経なり」

などと般若心経の前説をブツブツ唱えながら、人形をそっと掌にのせて、

「そら出来た観音様じゃ！」

といっていた。その姿はまるで小浜（北陸）の空印寺にある八百比丘尼のようであった。

こうした子どもたちとともに春を求める遊びは、すでに消え去ったものと思っていた私は、それから数年後に、四街道（千葉）で、二十になる甥が私のために作ってくれたのには驚いた。まだこうした伝承が生きていたのである。

そして水戸（茨城）の方では、つぼみをすっかり開いて黄色のメシベまでむき出して口の中に入れて温め、まるで春を味わうかのようにすると聞くと、春がどんなにか待ち遠しい遊びであるか、自然とともに育つ子どもらが如何に季節感に秀れているかを知った。

ツバキのつぼみと遊びながら春を待つ子どもらが、つぼみに手が届かぬほど採り尽くして失くなると、梢の方から一輪二輪と花が開き、やがて満開になってくる。そして一時期が過ぎると花が開いたままボタボタと落ちて、枝葉の広がりの下は花で埋まる。子どもたちは今度はシノダケに花を串刺しにしたり、糸に通して首飾りを作り遊んだ。

大人たちは、あれほど春を告げる目安としたツバキの花に対し、この花がサクラのようにはらはらと散りもせ

ず、花のまま散り落ちるのを、夭折せる命のように不吉に感じた。日本の紋章に植物のモチーフが多いにもかかわらず、椿紋が少ないのもこんな花の落ち方から、避けたものであろう。ただ一つある椿紋は日本で最初に人体解剖をした幕末の医者、山脇東洋の紋である。これは、首を切られた刑死人を一四人解剖したことから、ツバキの花弁一四枚の一代限りの千葉椿紋であるのが有名である。

日本人がツバキの花に早春を感じ、ツバキという字を木ヘンに春という（漢字にない）国字を創作したのも、春を告げる花木として敏感に悟ったからで、自然の子どもたちは、それ以上に春を先取りする遊びをもっていた。

# ツクシのわらべ唄

まだ冷たい風が吹く早春であるが、日当りのよい冬枯れ草の土手には、地に伏したタンポポやイヌフグリも一足さきに花開き、ナズナやヨモギの葉も一段とさえた緑になり、すっかり春めいてくる。このころになると枯草のあちこちにツクシがやっとの思いで頭をもたげ「彼岸はまだかいナ！」とあたりを覗く。

こんなとき土手の枯草の上で転げ回って遊んでいた子どもたちが、こげ茶色の小さなツクシをみつけて、「ツクシンボがあった！」叫ぶと、どの子も遊びをやめて駆けよるほどツクシは子どもたちに人気がある。そして、

づくづく坊主出ておくれ
頭すって衣着て（愛知）

つくしんぼ　つくしんぼ
彼岸の入りに袴はいて出やれ（関東地方）

などと声をそろえてツクシを冷やかす。ところによっては、

頭巾かぶって出てこらさい
頭を剃って袴をはいて出やれ
すり鉢かぶって出さっせ

といろいろにうたいこんで、早くのびるように催促する。そしてそれでもなかなかのびないと、奈良の子どもらは

「袴がないなら貸したげよ」

とまでうたう。

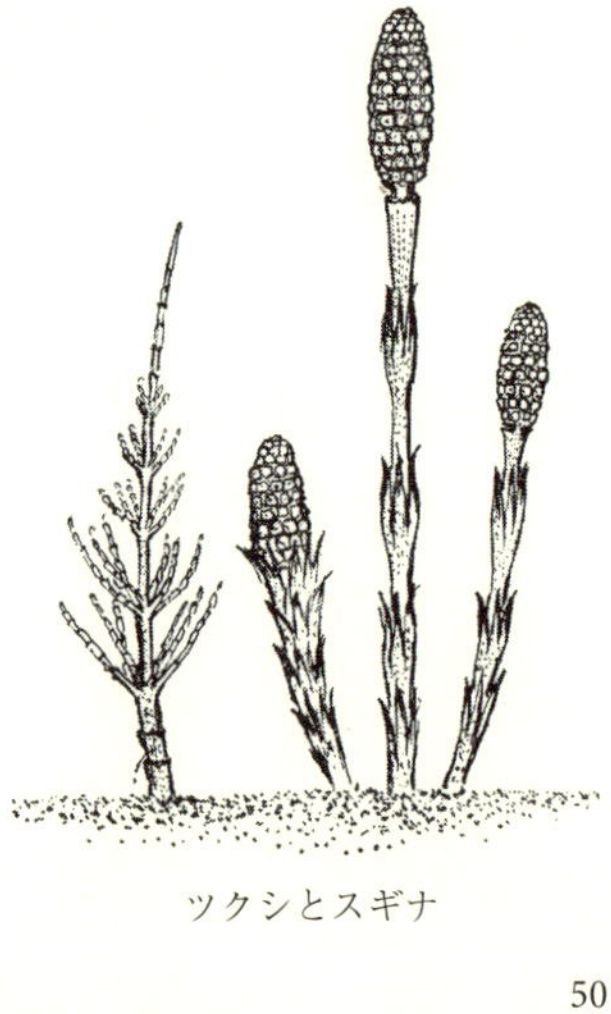

ツクシとスギナ

やがて暖かい彼岸が近づくと、ツクシは日増しにぐんぐん背のびして、坊主頭をずらりとつきだして、袴と袴の間に白っぽい茎をちらりと見せるほど成長する。暑さ寒さも彼岸までというが、ぽかぽかと暖かい日がつづくと、子どもたちは連日のように土手にくり出して、長くのびたツクシを両手一ぱいに摘みとって、女の子たちは

　ほうしこんぼちょっと出い
　彼岸仏の菜にしよう（兵庫）

と、すっかりのびきったツクシにまで、こんな唄をうたい、ママゴトあそびに精を出す。それから別の男の子や女の子は、ツクシの袴と呼ばれる退化葉のところを引き抜いてひそかに再びさしこんで

　つぎつぎ　どこから継いた
　こっちから継いだ（石川）

　つくつくほうし　つくほうし
　どこを継いだ　当ててみろ（山形）

とうたって、お互いにどこが継目か当てっこをして遊ぶ。

### 出て来いの唄

ツクシが芽生えて乳首のように頭を出してから、しばらくたつのに、寒さがつづくとなかなかのびてこない。子どもたちはドコドコツイタの遊びも、ママゴトも出来ないのでいらいらするが、こんなときには枯草を分けひろげて、幼ないツクシを日なたにさらし、早く出て来いと唄をうたう。

あるときには冷やかしたり威《おど》したり、ときには祈るような気持で、ツクシを見つけては、あっちでもこっちでも唄をうたうものだから、早春の野に子どもたちの唄は春を呼ぶかのようにあたりにひびきわたる。その出て来

いのわらべ唄を全国各地の子どもたちはどのようにうたったであろうか。

　どんつく　どんつく　つくつくさんは
　　袴はいて出て頂戴（奈良）

　土筆《つくし》ン棒や道心ぼう
　　彼岸の入りに袴はいて出やれ（関東地方）

　ずくぼ　ずくぼ
　　袴ひやアて　出てこい（佐賀）

　づくづく坊主　出ておくれ
　　頭すって衣着て（愛知）

　つくし坊　つくし坊
　　早う出ておくれ（愛知）

　このように子どもたちはツクシをさがし出しては唄をうたう。それでも出て来ないと、

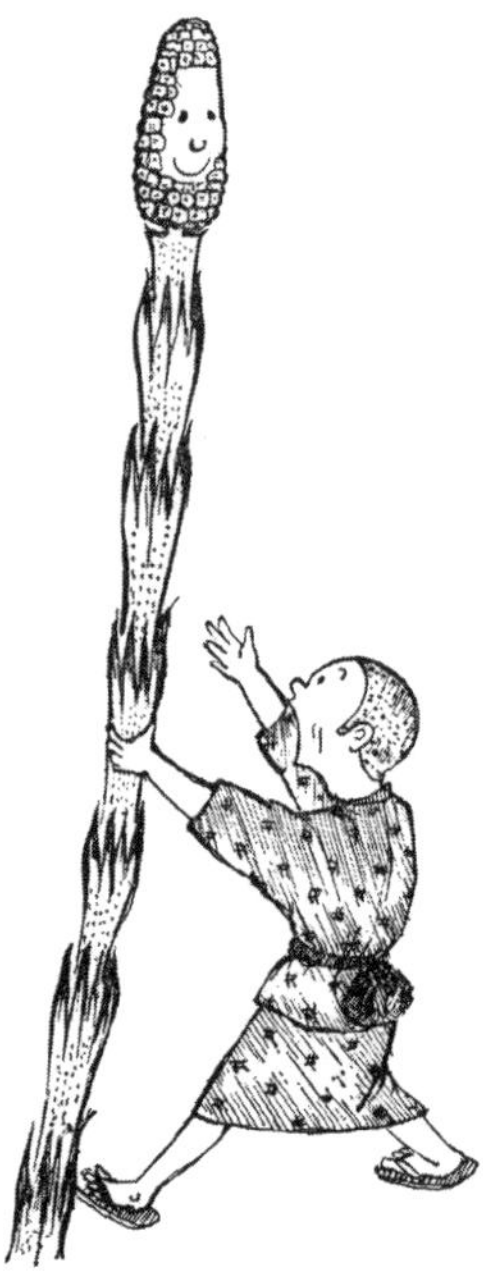

　つくつくぼうし、あがらんせ
　　袴がなければ貸してやろ（奈良）

とうたう。子どもたちはこんなにうたっても出て来ないところをみると、きっと袴が無いから恥かしがって出られないのかも知れないと、心配のあまりまたうたう。それでも出ないと、

　土筆《でんぼし》　土筆あってくれ
　　出んと尻をつみきるぞ（岡山）

ときつい言葉の唄もとび出す。

　やがて一雨ごとに暖かくなると、子どもたちのうたう出て来いの唄がまるで蛇使いの笛のようになって、ツクシはそれにあわせてぐんぐんのびてくる。なかには調子

に乗って仲間のだれよりものびるのが早く、袴から足脛をあらわに出して天高くのびるものだから、

つくつくぼうし　つくつくぼうし
富士の山つん抜いた（和歌山）

日本一のお山を突き抜くようだと、子どもたちの唄もはずんでくる。ところがたった一本だけすくすくのび育ってしまうものだから、子どもたちは一本だけではつまらない、もっともっとたくさん出ないかな！　どうしてって、友だちの分まで欲しいもの。

ほうし　ほうし一本ぼうしは　無いもんぞ
親子三人つれのうて、ほうし、ほうし（岡山）

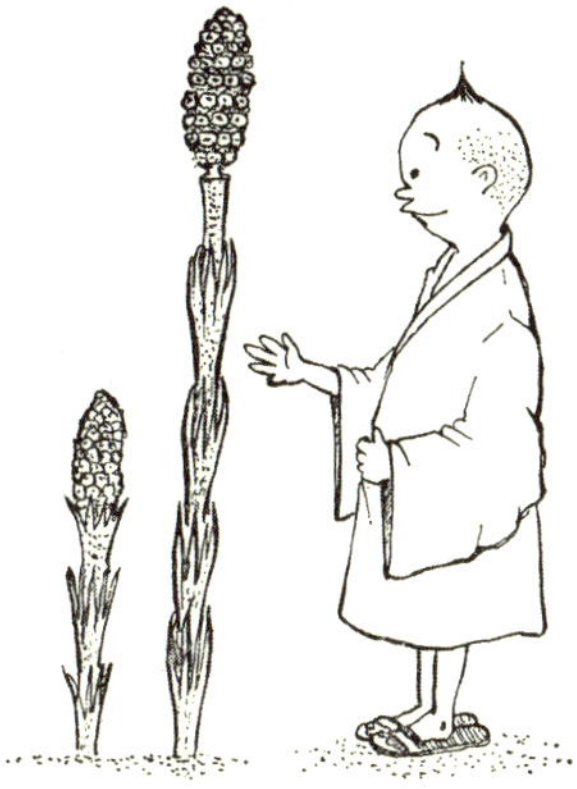

ほうしほうし、でんぼうし
一人ぼうしや出んもんじゃ
おやこ三人でるもんじゃ（岡山）

などと催促のようにうたうと、やがて出おくれの他のツクシも遅れてはならないと、次から次へと頭をもたげ、あっちの土手からこっちの道ばたと、背のびの競争のように頭を突き出して春風にゆれている。そしてさらには、

つくんぼし　あがらんせ
岸も坂もあがらんせ（大阪）

とうたって、どこまでもどこまでもツクシの行列が土手から山の彼方までたくさん出ることを願って、子どもたちは声高らかにうたうのである。

## どこどこ継いだ

道ばたや土手のツクシもときには畑の中のいたずらツクシも、出遅れもなくすっかりのびきると、土手の小路などは足場もないくらい乱立し、まるでカックイ（小さい杭・秋田県鹿角郡）の林のようだ。このころになると子

どもたちにとって、ツクシはめずらしいものでなく、どちらかというとあれほど出て来いと待ちに待ってうたった唄などすっかり忘れて、そしらぬふうに冷やかして、

土筆《ぐつべ》　どこに行く　袴をはいてどこに行く
　孫の祝いに招《よ》ばれて行く
七つの祝いに招ばれてゆく（山形）

とうたう。ツクシにとって、出て来いといわれてのびるにはのびたが、ひとつもかまってくれないので所在がないのにしらじらしい唄である。東北地方などではもっと無責任に、ツクシを法師《ほうし》とか坊主と多くの子どもたちがうたうのに、年ごろの娘御《むすめご》にしてしまうのはどうしたことか、他の話に結びつけてのことと思うが、ツクシを変身させるにもその気まぐれに驚くばかりだ。

つくづくし　つくづくし
　誰と寝るとて鉄漿《かね》つけた
　　伯父御《おじご》と寝るとて鉄漿つけた（山形）

また秋田などではこの唄に加えて、

おち子《ご》の土産《みやげ》なに土産
綟にせよとて紙一帖
油にせよとて胡麻《ごま》三升
それを枕もとにおいたてば
隣のへかんばへ　盗まれた
寝ても起きても　またくやし
来年の春になったれば
とんとんかたきをうってやろ

などと手毬唄のようになる。

広島や鳥取の方では娘御でなく、どうも嫁のつれ子になり、継子《ままこ》いじめのような唄で、

ほうし誰の子杉菜の嫁の子
　嫁の方へいようて
雨が降って滑って銭を一文拾うて
　いんたげな　いんたげな（広島）

土筆どこの子　杉菜の継子
　私《わし》が銭《ぜに》ぬすんで
鯛を買って食った（鳥取）

と継子いじめに尾ひれがつく。こうしたいじめっこは四国にもあり、なぜかいじめに共通のものがあるのも、子どもごころの影のあらわれかも知れない。

さてこのようにツクシがのびると唄もいじわるな悪口をはやしたてるものにごく一部だが変わってくる。ツクシとの遊びが盛んになり、ツクシは引き千切られる運命となる。そもそもすくすくとのびたのも、「お前のつむりは開いた、お前のつむりはすぼんだ」とうたわれるように、丸坊主の頭から胞子粉をあたりに散らして繁殖を願うことにある。ところが容赦なく子どもたちは両手一ぱいに摘みとって、

　つぎ　つぎ　どこ継いだ（千葉）
つんつん土筆《つんげ》の子　どこ継いだ（栃木）
つぎめ　つぎめ　どおこ（山梨）
どこどこどこから続いだ（新潟）
つぎつぎぐさどこ継いだ（和歌山）

と唄い、袴の継目の当てっこをする。

この継目を当てる遊びは、互いに当てっこするだけのことで終るものだから、昔の子どももおそらくちょっと遊んであきてしまう遊びだったと思われる。現代の子どもらにとってはなおさらのこと、遊び方を知っていても面白くないのですぐやめてしまうだろう。

歴史的には、袴の継目を当てる遊びは古いもので、ツクシの語源につながるものだが、不思議とこれ以上遊びが進展しなかったのは、胞子茎（ツクシ）が萎《しお》れやすくか弱いものだからであろう。それでも、長い歴史の流れには、この遊びが都から各地に広がり、その遊びの痕跡がツクシの方言名に残っているのをみることができる。

ツギグサ（仙台市、千葉県東葛飾、山口県大津）
ツギツギ（宮城県志田、遠田、山形県西田川、福島県伊達、新潟県柏崎市）
ツギツギクサ（和歌山県那賀）
ツギナンボー（栃木県芳賀）
ツギボッサン（熊本県鹿本、八代、球磨、葦北）
ドコドコ（埼玉県北葛飾、新潟県西頸城）
ドコドコクサ（長野県北安曇、新潟、富山、石川）
ドコドコツイダ（岐阜県高山市）
ドコドコツナギ（静岡県安倍）

などとあり、さらにツクズク、ズクズク、ツクツクのようなツクシの方言名を加えると多数の名前がある。ツクシがもし可愛いらしくない強い草だったら（たとえばトクサのような）これほどの遊びの内容が草の名にとどまることはなく、またトクサのような実用的な草なら芽生えるときの、「出て来い」のわらべ唄も生れなかったものと思われる。

ツクシはやはりこのままの坊主頭で逆さ袴をはいて、そのか弱さと可愛いさが子どもの心にやさしく映り、弱いツクシをいたわり、遊びの材料にするよりも眺めるだけで子どもたちは満足し、その語りかけそのものがわらべ唄にはいった。またその姿からさまざまに連想した名前が生れたのも、そんな子どもごころから発想されたものであろう。

ツクシは子どもたちの大好きな草である。それは他の草の遊びには見当らない、草の芽生えから出てこいとうたわれていることをみても明らかである。またそのわらべ唄があまりにも数多く、何処の子どもたちでも必ずうたっている。そしてツクシが生長してつぎつぎの継目当てっこの遊びも、さらにはか弱いツクシの姿を眺めては、たわむれの連想から名付けたさまざまな愛称など、どれをとっても子どもたちのツクシが好きでたまらない気持があふれている。それほどまでにツクシは子どもの心を奪う草で、こんな魅力にとんだ草は他にあるだろうか。

また大人たちも害があっても決して益にならないツクシやスギナを寛大に見逃がしてきた。それは子どもたちがツクシと言葉を交し、またおもちゃというより同じ生きものとして、友だちのように無心に遊ぶ姿を見るからであろう。こうして親たちも子どもたちもツクシといえばニコニコと迎えられる草となっているが、それでもツクシに触ると手が腐ると子どもを叱るところが茨城県にあったそうだ。これは『日本児童遊戯集』（大田才次郎編）に記載されていて、この地方ではツクシのことをホトケンボーと呼んで、子どもたちはさけて通っていた。これは例外中の例外だろうが、このような話は現代ではあまりみられない。

　現在、ツクシは依然として可愛がれる草であるが、ツクシの生えるところがしだいになくなり、このごろでは、季節がくるとツクシは束にして売られ、または鉢植えとなり、子どもたちとの会話もなく、もちろん唄もない時代となってしまった。それはツクシが萎《な》えてのちに芽生えるスギナとなっても同じことで、というより、スギナにいたってはなおさらのことすっかり忘れ去られてしまった。

# タンポポ遊び

冷たい風の吹く早春のころ、陽だまりの枯草の中にタンポポの花がぽっかりと咲きはじめると、春の先ぶれの明りのように春の訪れを感じる。春を待ちこがれて野辺にくり出した子どもたちは、早咲きのタンポポ花を見つけると、再びあいみる喜びに、われさきに駆けよって春の香りを花にたずね、茎笛に春の音を吹き鳴らす。春はもうすぐやってくると子どもたちは喜びに浸る。

こうしたタンポポと子どもたちとの遊びは早春のころから始り、やがてほおけて綿玉となり散り失せるころまで、草遊びの交わりがつづく。その意味でタンポポは子どもたちの生活とともにある座右の花であり、子どもの誇りとする野の花といっても過言ではないと思う。

## タンポポの花遊び

タンポポの花は、まず四方にひろがった葉茎の中芯に蕾《つぼみ》ができる。そして蕾の下の花茎がしだいにのびて一〇センチから一五センチぐらいにのびると、おし固めたような集団の花びらが上向きに開く（頭状花）。

タンポポ

タンポポがいっせいに咲く春さきに、高い丘などから野原を見降すと、頭状花のタンポポは緑の若草のあちこちに、まるで金貨を撒《ま》き散らしたように見える。ヨーロッパではタンポポを「お星さまの落された金貨」というそうだが、まったくそのとおりだとおもう。ところがお星さまがキラキラと空にお見えになる夕方になると、お星さまが取りもどしにくるのだろうか、野原には一つの金貨も見あたらない。これは植物の開閉運動といって、午前五時から六時の間に花が開き、午後四時から六時ごろ閉花するという仕組がこのタンポポにあるからである。

そのために牧場などの広い草原で働く人たちは、タンポポの花が閉じると、仕事をやめて家に帰ることになっていた。

　タンポポの花遊びが子どもたちにないのもこういった花の開閉のため、花を千切って遊んでいると、いつのまにか花はみな閉じてしまうからである。だから遊ぶとなれば花びらをむしりとってママゴトの御飯にするくらいが関の山である。かといって遠い昔、タンポポ名の名付けの因になった鼓《つづみ》遊びをするにも、鼓という打楽器を知らない近年の子どもたちには、鼓遊びどころか、鼓を連想することすら出来ない。

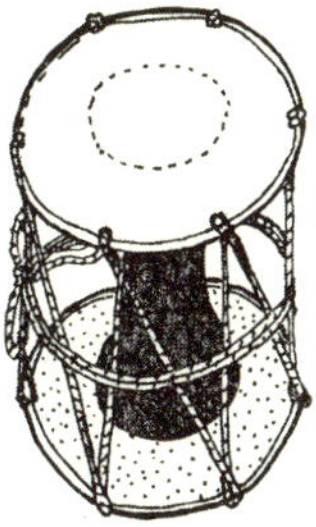

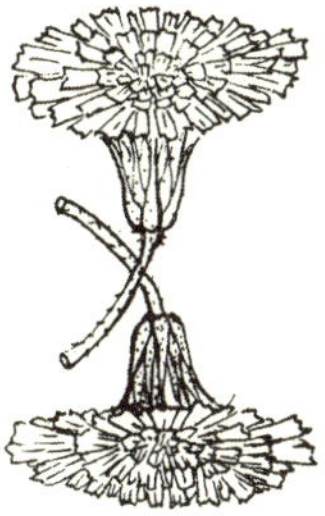

このように花遊びの少ないタンポポだが、たった一つタンポポの花相撲というものがある。

## タンポポの花相撲

タンポポの花相撲とは、花ばかりでなく花茎がついているが、スミレの花相撲のように花首を互いに引っかけて引き合うものでなく、花首と花首を打ちあう遊びである。そしてどちらかが相手の花首を打ち落した方が勝ちになる。

　遊び方は、まずジャンケンで先攻順を決めて、負けた方が花を下に茎をつまんで下げる。すると勝った方は花茎をもって相手の花首のところを横から狙い打ちにする。打ちつけた方か打ちつけられた方か、どちらかの花首が折れる。折れた者は再び新しい花を下げて再び打ちつけられるのを待つ。そして一定の数だけ落して勝負を競い合う。

　学校帰りなど子どもたちはこの遊びをはじめると、道ばたのタンポポでは足らず、あちこちと丈夫なタンポポの茎を求め歩いたもの

である。この遊びをさかんに遊んだのはおもに長野県地方の子どもたちで、この地方の一部では、タンポポを「クビキリバナ」と呼んでいた。

## タンポポの種子飛ばし

タンポポの花が終わって白い綿玉のようにほおけてくると、子どもたちはソッと茎を摘んでから口もとによせて、

　お坊、お坊、飴買いにゆけ……

と唱えてから綿玉を一息に吹き飛ばす。すると飛ばされた一粒ずつの種子は、傘をさして空中に舞いあがり、数十粒の種子は連なって風に乗り流れ去ってゆく。この情景を中国では「孛孛丁《ぼぼてぃ》」といい、彗星《ほおきぼし》に見立てている。日本の子どもたちは一粒の種子に、飴を買いにゆく子どもの姿を連想した。ところによっては、

　味噌買うてこい、醤油買うてこい
　雨が降ったら泊ってこい（奈良）

または酒や酢を買うてこいと願いごとをした。これは子どもの親か、または子どもを雇っている主人のいいつけで、酒や酢を買いに徳利をさげて行かなくてはならない。しかし山坂越えて行くのはとってもつらい。かわりに買物に行って欲しいという願いからきたものである。

きっと子どもたちは小さなタンポポの種が、傘をさして飛び去ってゆく姿に自分の境遇を連想したのだろう。そうでなければどうして、雨が降ったら泊ってこいなどというであろうか。本当は雨が降っても雪が降っても、真暗な夜になっても、かならず帰らなくてはならないのだ。そんな気持から長崎や対島の子どもたちは、タンポポに「サケカイボー」と名前をつけた。また千葉県の長生郡あたりでは、タンポポを「オヤコーコーバナ」（親孝行花）といっている。この

名付けからは、親のために徳利をさげて油を買いに街道の道すじをゆく子どもの姿が、見られるような昔の情景をしのぶことができる。

この他に、

「ちゃんぽぽちゃんぽぽ、髪結うて嫁に行け！」

などと種子《たね》吹き飛ばし唱えごとや、種子が耳に入ると聞えなくなるからといって「ツンボグサ」「ミミツンボ」などといういじわるなタンポポの方言がある。しかしこのような例はきわめて少なく、多くの子どもたちは飛んでゆく種子にお使い走りの代役を託した哀しい唄が多い。こうした草によせる心情《こころ》からの語りかけで、次のようなものがある。

ゴゴジャ、ゴゴジャ、なぜ髪《かみ》ゆわぬ
櫛がないか、鏡がないか、
櫛や鏡はたくさんあれど、
ととさん死なれて三吉や
江戸へ何を楽しみに髪ゆうぞ

ここにいうゴゴジャ、またはゴゴジョーは、新潟県西蒲原の方言でタンポポのこと。江戸へとつづく街道に立って、ほおけたタンポポに、「なぜ髪ゆわぬ……」と問いかける言葉には、瞽女《ごぜ》の語りのもの哀しさが感じられる。

こうした子どもたちの草に託する唱えごとに込められた祈りは封建社会の子どもたちの生活環境にもよるであろう。明治以後じょじょにではあるが、山奥の寒村にまで近代化の波が押し寄せ、子どもの世の中を見る目も広くなり、もはや昔の唱えごとの言葉の意味はしだいに失われていった。

さて時代が変わり、第二次世界大戦となり、千葉市のある主婦から聞いた戦争のさ中のタンポポの種子飛ばしでは、なんとこの唱えごとは軍歌であった。空襲警報解除のサイレンが鳴っていた敗戦間近いころ、敵の飛行機が去った六月の空は青く、戦争をしているなんてウソのような天気であった。子どもたちは防空頭巾をかぶったまま、ほおけたタンポポを摘んで、

見よ！　落下傘　空を征く
見よ！　落下傘　空を征く

と軍歌の一部を歌ってから、プーと綿玉を一息に吹き飛ばした。飛んだタンポポの種子は、昔、油や酒を買いに出かける子どもであったが、この時代は一粒一粒が陸軍落下傘部隊の兵士となって、パラシュートを背に降下してゆく姿に見えた。子どもたちは手をたたいて種子の行方を見送ったという話である。

タンポポの種子飛ばしという草遊びは、時代が変われば唱えごとも変わるものだが、変わらないのは子どものこころかも知れない。ましてや戦争中は日増しに生活が苦しくなり、敵飛行機は毎日爆弾を落してゆく。このやりきれない気持から、種子飛ばしの唱えごととともに、綿玉の種子を落下傘兵士に見立てて、早く敵をせん滅して欲しいという願いを込めたのであろう。

ところが戦後三十余年経ったころ、唱えごとの種子飛ばしどころか草で遊ぶ子どもがめっきり少なくなった。都会地から自然がなくなったといっても、雑草はちょっとした土のあるところにはたくましく生え、タンポポもいたるところに咲いている。だがこのタンポポは日本のタンポポでなく「セイヨウタンポポ」という根強い帰化植物で、かって鼓の形を連想した「カントウタンポポ」「カンサイタンポポ」ではないが、とにかくタンポポには変わりなく黄色い花を咲かせ白い綿玉にほおけている。しかし、いたずらに散りゆくばかりで、綿玉に駆け寄る子どもは少ない。それどころか、自然によせる心すら失われて、子どもたちの自然は図鑑の中にあり、肌で知る自然はないようである。それでもある公園などで若い女性が種子飛ばしをする姿を見かけはするが、唱えごとはときくと、西洋式の愛の託宣を求める占い（一息に種子を飛ばすと幸福になる）で、日本の子どもたちの唱えた種子飛ばしの言葉はすでに消えてしまった。

## 乳草

暖かい風が頬を撫でる小春日和《びより》の日だまりに、女の子ばかりが寄せあってママゴト遊びがはじまった。どこから集めてきたのか野の花や木の葉を並べて御馳走作りでいそがしい。もちろんタンポポの花も数十本用意されている。ここではなぜかこの草をチチクサ（乳草）といっている。それはタンポポの花茎を折ると白い乳液のような汁が出るので、母親の乳房を連想してつけた名前である。タンポポをチチクサというところは、長野県北佐久、金沢市、広島県安芸、山口県などの子どもたちで、このチチクサをなお短くしてチーグサと長野県南高来で、チグサと静岡県富士市で幼児語そのままのようにいうところもある。タンポポの花茎の乳液から乳を連想することは日本ばかりでなく、ヨーロッパの一部でもタンポポをミルククサといっているそうで、洋の東西を問わず子どもたちのこころは変わらないものである。

またタンポポ乳液はウサギさんやトンボさんが呑むものだときめて、ウサギノチチ（秋田県北秋田）とかトンボノチチ（三重県一志）などというところもある。大人たちが見逃すような花茎液を子どもたちは目ざとくみつけて観察し、母親の乳房を連想するところは童心の世界ならではというところである。

**お灸ごっこ**（ヤイトゴッコ）

花茎を千切ってお乳《ちち》が出たと喜んでいた子どもたちはわずかに出てくる乳液でどんな遊びをつくり出すのだろうと思ってさがしたら、子どもというものは遊びを考え出すことにかけては天才で、お灸ごっこという遊びがあった。この遊びは、ちょっとお医者さんごっこに近い雰囲気をもっている遊びで、小さい子の背中やお腹などを丸出しにして、年長の女の子がタンポポの茎を右手にもって、左手に黒ん坊の麦（病気の麦穂）をもって、まず患部になにやらおしゃべりしながらタンポポの茎をちょこんとつける。少し冷やっと

するのでびっくりするが、つけたところは白い乳液が小さな円についている。すると左手の黒い麦穂で小さな円の上をポンポンとたたくと、焦茶色の粉がかかって円《まる》いお灸の痕のようなものが残る。これがお灸をすえたということになる。この遊びをすると、小さい子どもはウソのお灸をすえることだとわかっていても、ウソのことをつい忘れて泣き出す子もいる。お灸ごっこはお灸をすえる子もされる子も、みんないたずらをしたり親のいうことをきかないでお仕置にお灸をすえられたものばかりなので、年長の子は立場をかえて母親の言葉を真似て小さな子を叱る。また叱られた子も甘えて泣く。お灸ごっこは仮の世界に遊ぶ子どもたちの夢みる遊びであった。

## 疱瘡《ほうそう》ごっこ

千切った花茎からお乳が出ることから、今度は疱瘡ごっこを考え出した。これはお灸ごっこに似ていて、年長の子が医者になり、小さい子は全員左手をむき出しにして一列にならぶ。それから一人一人の左手をとっては、タンポポの茎でチョンチョンと六つ乳液をつける。ただそれだけの遊びだが、大きい子は小学校入学前に本当のお医者さんに小さな刃物でチクチクされた種痘体験があるだけに、医者の身振り手振りを真似てするものだから、小さい子はびくびくしていて、茎をつけると顔をしかめる子どももいるほどであった。

## タンポポの笛

タンポポの草遊びでもっとも多く遊ばれるのは花茎で作る笛がある。この笛は花茎を長さ三センチあまり切り取って、縦に切り込みを入れるか、または歯でかんで作ることもある。この割れた茎をくちびるにはさんで吹くと、ビーと鳴る。はじめはなかなかなじまずシーとかスーとか音が出てピーとは鳴らず、いろいろと角度をかえて鳴らしてみる。これはたしかに一つの遊び技術で上手な子は失敗なくすぐ鳴らすことが出来る。こうした遊び技術を小さい子どもたちは、子ども集団の中で学び、技術を会得してゆく。だからタンポポの草笛を初めて鳴らせるようになると、うれしくってたまらず、なかなか口から笛をはずすことができない。とうとう家の中に入っても吹き鳴らすことを止めず、親たちに叱られることもあった。

この草笛をもっと面白くするには、右手親指と人差指で輪を作り、それをくちびるにつけてラッパのようにして鳴らす。さらには両手を合せてくちびるに親指の部分をつけて鳴らし、掌《て》を開いたり閉じたりして音に変化をつける。するとニワトリの鳴き声やトランペット、赤ちゃんの泣き声になるので、学校帰りは、男の子ばかりが、面白がってビービー、ブーブー、ビビビビと鳴らしながら野道を帰る姿が昔よく見られたものであった。

次の話は戦争前のことだが、長野県上伊那郡の子どもたちが、単調に鳴る草笛をより面白く遊ぼうと、楽器のようにドレミファソラシドの音階が出ないものかと、工夫したそうだ。その結果、タンポポの長い茎の花をさがし求めて、細い方に割を入れて吹き鳴らし、鳴らしながら先の太い方の茎を順ぐりに切りおとすと、低音から次第に高音に変化し、ドレミファの音階のタンポポの茎笛で遊べたそうだ。

なんの変哲もない単調な音を出すタンポポの茎笛も、こうした子ども集団の中にあっては、吹き鳴らす遊びの面白さを更に面白くしようとして、新しい角度からの遊びをつくり出すものである。そしてタンポポの遊びといえば、この茎笛の他には知らないとおもいこむようになり、タンポポの呼名も変化してしまう。秋田県ではビビバナと名付けたのもビービー鳴らす草だから。ところによってはピンピパナ（千葉県）、フイブイ（三重県）、ピーピーバナ（神奈川県）、シービビ（兵庫県）などがある。また沖縄の多良間という島では、タンポポをトゥルクナーといっているそうだ。この名前のもとは豚の鳴き声のような音を出す草ということから名付けたというが、豚は豚でも子豚の鳴き声であろう。（→「草笛」の項参照）

## 風車と鏈《れん》の花

タンポポの茎は変わった性質である。まず花茎を千切った両先端に切り目を入れて、口に入れてもぐもぐとやると、茎は切れ目のところから外側に反り返る。これはどうして反り返るのかというと、植物の細胞には細胞膜というものがあり、この膜をとおして外から水分をとるので、膜を外側に押し出す力が強くなる。これを膨圧《ぼうあつ》というのだそうで、この性質を利用したタンポポの茎遊びがある。それは風車で、茎を一〇センチに切って、切り口両端に三分の一ずつ切りこみを入れ、そして水に浸すと外側に見事に反り返る。反り曲った茎の管の中に松葉のような固い草の茎をとおして吹くと、見事にくるくると回る。

ヨーロッパではタンポポのことを鏈《れん》の花というところがあるそうだ。鏈とはくさりのことで、タンポポの茎が水に浸されると反り曲り、鎖のようにつながるから名付けたものであろう。日本の子どもたちも同じ遊びをするが、どちらかというと茎を縦に割いて水に浸すと、茎が生きもののように曲るので、これをマンゴマンゴマガレといって眺めるのを楽しみにしていた。こんな遊びからタンポポをマンガコンガ（千葉県）、マンガレ（大分県）、マンゴ（愛知県宝飯、額田、幡豆）などと呼んでいる。また水に浸して反り曲ることを利用して、カンザシをつくって頭に飾ったり、吹玉を作って遊ぶものもあった。

## カチカチとツウツウ

タンポポの茎遊びは、ここにあげた他にまだまだたくさんあるが、なかでもカチカチという遊びとツウツウという遊びは、昔の子どもたちが遊んだもので、現在ではどこへ行っても見当らない遊びである。それだけに昔の子どもの生活をうかがい知ることができる。カチカチという遊びは、タンポポがほおけたのちに種子が飛び去って、丸坊主の杖になる。この杖のようなタンポポの茎を長さ三〇センチに切りとり、これを生乾《なまがわ》きにする。干しあがった茎を口に入れ、ハーモニカを吹くようにして前歯でカチカチ鳴らしながら噛む。ところによっては梅酢漬けにしてのち陰干をしてから噛むというが、いずれも子どもたちが空腹をひとときでも忘れる草遊びであるこ

とには変わりはない。近年まで富山市近郊に、タンポポをカチカチというところがあった。この遊びの名残りが名前だけ残っていたわけである。

ツウツウという遊びもカチカチに似ているが、少し手がこんでいて、茎を三〇センチに切りそろえ、これを束にして塩か梅酢に一晩漬けておく。翌日これをとり出して一本一本丁寧に手揉みして、茎の切り口へ茎肉をもみ出す。すると茎は繊維ばかりの管となる。それは生ゴムでできた管ゴムのようである。遊び方はこの管の茎に空気を入れたり、管を小さく丸めておいて管の切口から空気を急に入れてみたり、水をストローのようにのんだり、まるで風船ガムのように弄《もてあそ》ぶ。

現代ではこのような遊びをするところはほとんどないが、この遊びには名もない庶民の子どもの歴史が見事にきざまれており、記されなかった子どもの歴史をかいまみるようである。

これまでタンポポと子どもたちの関わりを、草の方言と草遊びを述べることによって、かつての子どもの生活史に明かりを当てたが、まだまだ当て足りないところがたくさんある。それほど大人から見向きもされない路傍のタンポポには、子どもたちがつみかさねてきた子どもの文化が満ち溢れているということである。草と子どもの生活はまさにタンポポから始まったといって過言でないと思う。

# ヨモギ摘み

早く三月節供
来いばええ
お雛《ひな》コ飾ったり
餅《もち》つだり
お供え餅
あがって下さいな
早く三月節供
来いばええ

むかし秋田の子どもたちは、ひな節供が近づくと、こんな唄をうたって待っていた。きっと雪解けの小川のせせらぎを聞きながらヨモギを摘み、早春の香りのする草餅が食べられるのを楽しみにしていたのだろう。

ひな節供の発生については省略させていただくが、この三月の上巳《し》の日に、においの強い草汁を餅につきこみ、悪魔祓いをする風習は、節供の食物として中国から伝えられたもので、草は母子草であった。現在でも母子草をモチグサという方言が各地に残っているのもそのせいである。後にヨモギが母子草にかわって登場し、すっかり悪魔祓いの草となり、祓禊《ふっけい》、祓除《ふつじょ》などといって使用されることから、西日本地方ではヨモギを「フツ」と呼んでいる。東日本ではヨモギをモチグサと呼ぶ地方が多いが、

ヨモギ
（村越三千男『大植物図鑑』）

いずれも三月ひな節供に、ヨモギ餅を食べて悪魔を祓い、子どもの災厄を人形に託して水に流した。

このごろではヨモギ餅をつくる家が少なくなって、枯れ草の野に出て草摘みをする子どもの姿が見られなくなった。季節と食物が子どもの生活から消えたことは残念である。千葉県の子どもらが、ひな人形を流しながらかつてうたった唄が懐かしい。

お雛さまよ
来年ござれ
海をみて川をみて
再来年ござれ

# スズメノテッポウの笛

春が本格的に近づいてくると、霜どけの田んぼや湿った原っぱに、雑草のスズメノテッポウが群をなして芽生える。そして日毎に暖かさが増してくると、ぐんぐん生長して、あたり一面がスズメノテッポウばかり生い繁り、やがてレンゲ草の花があちこちに咲くころには、淡いみどり色の花穂がにょっきりとのびてくる。この花穂はお線香のように細く小さなものだが、いっせいにのび揃い春風に乱れ動くと、まるで鉄砲を担いだスズメの雑兵どもが群れ騒ぐかのように見える。スズメノテッポウの名はそのささやかな印象から名付けたものであろう。

これほどまでに、スズメノテッポウが叢生して草丈が三〇センチにものびると、やがて花穂はくずれだし、ぱらぱらとゴミのように散って地面は白くなるほどだ。こんなにたくさん雑草が生えてお百姓さんはさぞこまるだろうと思っていたところ、正反対にこの草をボサツクサ(菩薩草)といって、たくさん生えるとそれだけたくさんお米が穫れると、長野地方でいわれている。それはよく肥えた土を好んでこの草が生えるせいかも知れない。たくさん生えたということは、それだけ施した肥料が効いたという証しと、またもう一つには生えた草を緑肥として利用出来るというねらいがあるからである。菩薩とは釈迦の次の位で功徳ある草ということかも知れない。

スズメノテッポウ

## 笛草《ふえくさ》

ところが子どもたちにとっては、スズメノテッポウクサもボサックサという名にもかかわりなく、春の訪れを奏《かな》でる笛であった。和歌山県の子どもたちはスズメノテッポウをフエクサ（笛草）と呼んでいる。それから、春が少しおくれて訪れた長野県の子どもたちもホッピヨと呼んで遊んでいる。そして、やっと春の訪れを謳歌する北国の青森の子どもたちも、フエフキクサといってピーピー鳴らしていた。ところによっては、手っとり早く草の吹音そのままを名前に代えて、ピーピークサ（神奈川、新潟、福井、和歌山、岡山市、島根、愛媛、大分市、鹿児島市）、シービビー（静岡）、ピョーピョー（長野県更級）、ヒヨヒヨクサ（高山）、ピッピクサ（新潟）などと、その多くはこの草を笛にして鳴らす音からの名付けばかりである。

## ピーピークサ

さてスズメノテッポウの草笛とは、木の葉で作る柴笛のように吹き方がむずかしいものではない。まず花穂を引き抜いて、抜いた残りの茎のところの葉を一枚下に折ってくちびるにはさむ。そして吹く力をあまり入れないで息を吹きこむと、それは遠い山の彼方の村から聞えてくるお祭りの笛のように小さな音色だがピーと鳴る。

栃木の子どもたちは、この草笛を吹く時にお天気占いの唱えごとを次のようにいった。

アンマサン　アンマサン
アシタテンキニ　シテオクレ

と唱えてから、くちびるにスズメノテッポウをくわえて吹く。そしてピーと鳴れば「明日は天気だ！」といって喜ぶが、鳴らないときは、ピーと願いが叶うまで（鳴るまで）花穂を引き抜いては吹き、鳴らなければ再び草をとって、何度もくりかえす。

静岡の子どもたちはスズメノテッポウをヒュウヒュウクサという。だから花穂を引き抜いて鳴らす唱えごとも、

田んぼの田んぼの
ひゅうひゅうどんどん
鳴らんと頭をちょんぎるぞ

おれも泣くに　われも泣けよ

ここでもスズメノテッポウが鳴らないときがあるらしく、

鳴らんと頭をちょんぎるぞ！

と脅かしてから

「たのむよ！　おれもピーと泣くから、きみもピーと泣いてくれ」

と必死に願う。スズメノテッポウクサは、花穂を抜けばどの草も鳴るとはかぎらないから、それだけに鳴るか鳴らないか、口びるにくわえるまで楽しみがあった。一般にやせた草はどちらかというと鳴りが少なく、太っている方が鳴りやすい。だから鳴らないとスズメノテッポウの草のなかに分け入り、太った草の穂をさがし求めて再び吹いてみる。そしてようやくピーと鳴ったとき、気がついてみると履物や足首あたりは、花穂がくずれてゴミのようになったものがたくさんついてしまう。

群馬県の子どもたちの唱えごとは変わっている。

猫のマラ　ピーピー

といってから鳴らす。猫のマラとは驚きである。これはスズメノテッポウの花穂が男猫の男性自身によく似ていることから名付けたのであろう。交尾期の猫の一物を観察することは、なかなかむずかしいものだが、おそらくわんぱく子どもの仕わざの名付けであろう。そしてピーと鳴らしては、ふけ猫の鳴声を真似てゲラゲラ笑ったことと思う。隣の山梨県甲府の子どもたちは、ガラリと変わって少し感傷的になる。

やまみやの笛　やまみやの笛

ピーとなーれ

と唱える。四方が山に囲まれた盆地の子どもたちは、小川のへりや畑の畔道で鳴らしながら、風にのって流れくる山のお宮の笛の音を聞き、その音とスズメノテッポウの音を呼応して鳴らし遊んだのであろう。

**スズメノテッポウでない草の名前**

スズメノテッポウの花穂は、鉄砲に似ていることからの名付けであるが、細く長い物は鉄砲に限ったことではないので、他の名前が付けられるのは当然なことである。愛媛県の子どもたちはイヌノヒゲという。犬のひげでは一寸太いな！　と思ったら長野県の更級の子どもたちはネズミノシッポー（鼠の尻尾）と呼ぶ。ところが同じ地方でオセンコウ（線香）、新潟の子どもたちはカラスノオセンコウ（烏の線香）と名付けた。また香川県丸亀や愛媛県新居浜ではフデクサ（筆草）、熊本でフデグサなどと、習字の時間に用いる（名前を書く）細筆を連想した。

以上のように雀の鉄砲より人間が使用する物に類似した話になったが、雀の鉄砲でなく、ただのヤリモチ（槍持・山形）とかカリカツギ（狩人担ぎ・岩手、山形の村山）などがある。鉄砲でなく槍になれば、スズメノテッポウの花穂にふさわしい名になったと思ったら、スズメノヤリという芝生によく生える草があり、名付けの先口があるので残念である。カリカツギは人間の狩人が担ぐ火縄銃のことであろう。それともスズメかカラスの狩人が担ぐことなのか！　いずれにしても狩人が担いだものに似ているということである。

スズメノテッポウという草は、こうしてみると、笛にはじまって笛につきる子どもの愛玩の草で、この一芸にこの草の人気がある。ましてや、春の野の夕暮どき、家路を子どもらが帰る道すがら、かならずやスズメノテッポウを千切っては、ピーと鳴らし、

あ！　あしたも天気だ！

と子どもらは喜びながら、明日の楽しい野遊びを思いつつ帰って行く。（→「草笛」の項参照）

# ナズナ遊び

雑草と思えば畑や田んぼの耕作地《こうさくち》にへばりつくナズナは、憎らしくもあるが、これが一月七日の七草粥《がゆ》の一つで、かつては、

「七草なずな、唐土の鳥は」

とうたわれた草であると思うと、なんとなく親しみを覚える。

ましてやナズナの語源が、『大言海』によると、

「撫菜《なでな》ノ義ニテ愛ヅル意カト云」

とあるをみると、寒さの中に葉を八方にひろげているナズナの姿に、撫で愛しむ名付けのこころがわかるような気もする。ところがナズナは暖かさが日増しに加わると、茎が三〇センチ以上にのびて、何本にも枝が分れ、三月ごろ白い花が咲く。そして花の後に三角の実を鈴なりにつけ、いわゆるペンペン草となる。

ナズナ

一般にナズナと俗称のペンペン草を同一にみる傾向があるが、撫で愛しむ撫《な》ず菜の名付けと、ペンペン草という器楽音（三味線）のイメージとは、あまりにも違いがあるのでとまどってしまう。ましてや落ちぶれた家の屋根にペンペン草が生えるという言葉を思うとなおさらである。

ペンペン草という名付けのもとは、『守貞漫稿』の引用文にもあるように、江戸時代後期にはすでに幼児語のペンペンクサ、と名付けられていた。その名付けはナズナの三角の実が三味線をひく撥《ばち》の形によく似ていることからである。それはタンポポが同じく幼児語の鼓から名付け（「タンポポ遊び」の項参照）られたのと同様である。

名付けのもとはこの三角の実を親指の爪の間にはさんで、ペンペンと口三味線《くちさみせん》の戯れから、ナズナをペンペン草または三味線草と呼ぶようになったのだ。現在でもナズナをシャミセンクサと呼ぶ土地は、山形県、静岡県、愛知県、三重県、和歌山県、愛媛県、高知県、福岡県、熊本県、別府市、鹿児島市、と大体南の方が多い傾向である。東北では山形県があり、めずらしい飛び地だが、シャミセンコというナズナの方言が八戸、盛岡市、秋田県に、キツネノシャミセンとかサミセンクサと秋田県に、その他にもシャミセンバナ（岐阜県、新潟県、兵庫県、山口県）などがあり、不思議ではない。九州ではネコノシャミセン（山口県、佐賀県、長崎県、熊本県、鹿児島市）と呼び、とくに猫を強調している。もちろん三味線は猫の皮を張るのだが、沖縄の蛇の皮の蛇皮線が一方に存在することから猫をつけたのであろう。しかし撥の形からナズナの実を連想すると、三味線の印象はつよい。熊本ではネコノペンペン、ネコピン、ネコピンピン、ネコペンペンとさかんに三味線の遊びにナズナの実が使われ、名付けの様子がうかがえる。

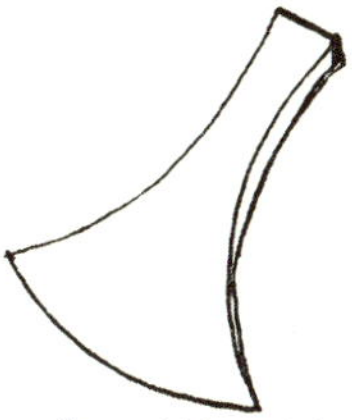
三味線のバチ

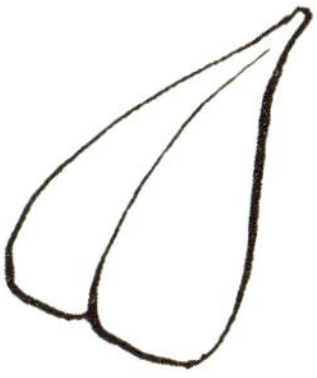
ナズナの実

巾着袋

　ペンペンクサ名も熊本のネコノピンピン、またはネコノペンペンのように、小さなナズナの実を親指の爪にはさんで撥にして、口三味線で、ペペンペンペン、トッテレシャンとはじまってピンピンと言葉で音を補って戯れることから、いずれも音遊びそのものの物の名におきかえた幼ない子どもたちの名付けであると思われる。

　次にペンペンクサ名の使用する地方名をあげると、青森県、茨城県、栃木県、埼玉県、千葉県、東京都、神奈川県、甲府市、愛知県、新潟県、長野県、石川県、和歌山県、兵庫県、岡山県、愛媛県、鹿児島県と、シャミセンクサ、ネコペンペンと名付けの勢力範囲と均等を保っているかのようだ。

以上のようにナズナの実が三味線の撥に似た形と遊びから、ナズナはシャミセンクサになり、三味線のひき音がナズナの名前となり、ピンピンクサ（岡崎市、和歌山県、兵庫県、岡山県、高松市、高知市）、ネコピンピン、ペンペンクサと名付けられたのである。

## 巾着《きんちゃく》

三味線の撥に見えていたナズナの実も、遊びが変われば名前も変わるもので、とくに子どもたちの名付けは流動的で気ままで、新しがりやである。これは古いことであるが、名古屋ではナズナをジジノキンチャク、ババノキンチャク、またはオバババノキンチャクと、爺婆ともどもに腰の巾着をさして呼んでいた。それにしても草の名は大小おかまいなくつけられるものが多く、ナズナの実も例外ではない。爺婆の巾着には小さいなぁ、と思っていたら、京都方面で大きさを心得て、小さくスズメノキンチャクと名付けたところがあった。

ナズナの実が巾着に見えるのは、袋の口をしぼって紐でくくると、底の部分がふくらんで三角形のナズナの実にそっくりに見えるからであろう（前頁の図参照）。こうした巾着への連想は日本だけでなく、ヨーロッパでナズナの俗称に「羊飼の小銭を入れる小袋」という意味の呼び名がある。また歴史をさかのぼって奈良朝時代の民謡だったものを、貴族がうたった催馬楽《さいばら》の中に、

庭に生ふる　庭に生ふる
から薺《なずな》はよき菜なり
宮人《みやびと》ンの　さぐる袋を
おのれに懸けたり

という歌がある。この中の「宮人のさぐる袋」とは火打袋のことで、ナズナの実によく似ているということだ。

ナズナの巾着方言では、青森県津軽と岩手県の一部にスズメノダラコという呼び名がある。ダラコとは方言で巾着のことだから、スズメノキンチャクということになり、京都方面の呼び名と同名となる。

ナズナの小さな三角の実によせる小さな袋の連想は、遠くヨーロッパの羊飼いの小袋から、古くは奈良、平安の貴族の京の町から、そして北は津軽、青森の果まで、人びとの草の実によせるこころは変わらないものである。

### 簪《かんざし》

源平合戦の那須与一が狙う扇の的のようなナズナの実を、一つ一つ穂茎から下に引きおろし、そのままにして女の子の髪にさすと、穂先に白い花が残り、三角の実がたくさんさがってゆれて、日本髪にさしたカンザシのように見える。この子どもたちのおしゃれ遊びがナズナの名前になったのは、愛知県にカンザシクサ、青森県にカンザシコ、そして岡山市の子どもたちは、頭髪にさしてかざるのでカンカンクサという。こんな遊びがはじまり、小さい子どもに人気が出ると、どの子も大きいお姉さんにカンザシを作ってもらい、頭にさしてはお母さんやお祖母さんに見せたいと走っていったものだ。

### ガラガラのおもちゃ

ナズナの実をかんざしに作ったもので、今度は花茎を指先でくるくる回転させると白い花柄の下から三角の実が右に左にゆれ動き、互いの実が当って微かな音がする。その音を耳もとで聞くと控目《ひかえめ》な草の音がよく聞える。けっしてガラガラという音でないが、他の言葉の表現をもたなかった昔の子どもらは、ガラガラというおもちゃに似ていることから名付けたのであろう。

ガラガラというおもちゃは、幼児の手あそび物で、もとは宮廷の女官（室町時代）が紙でつくった袋の中に豆を入れて棒にとりつけたものである。この袋の左右には糸をつけられた豆が一個ずつつけられており、これを回転するとパタパタ音がする。のちに紙袋は紙太鼓になり、デンデン大鼓というおもちゃになるが、ナズナのガラガラは三角の実ばかりで、微かな音がする。

ナズナをガラガラと呼ぶのは、このようなおもちゃを連想して名付けたものである。ガラガラとナズナを呼ぶ地方は、群馬県、長野県、兵庫県、岡山県、愛媛県、千葉県などが主で、ついでにガラガラに草をつけてガラガラクサというのは、宮城県、長野県、新潟県。また仙台ではガラガラソウ、山口県ではガランガランと呼んでいる。

次は同じ音を出す遊びからの名づけでも、ガラガラとは反対に静かな音の出るスズクサという地方がある。スズクサの名はすでにナズナより大きなタケニグサをスズクサというところにみえるが、ナズナの鈴は小さな鈴で、それだけに春風に吹かれながらの微かな音を聞くことは、草の内緒話を聞くようで楽しいことである。岡山市ではスズクサ、愛媛県ではただのスズ、福岡市で少し派手な音になって、スズガラガラとなり、ジャンジャラクサとなる。これはどうも神社の拝殿の鈴を振り鳴らす音を連想する。同じ神社の関係だが、岡山市にコンガラサマノスズという名前がある。コンガラサマとは巫子《みこ》のことで、神楽殿で巫子の舞に使用する鈴を連想したものであろう。

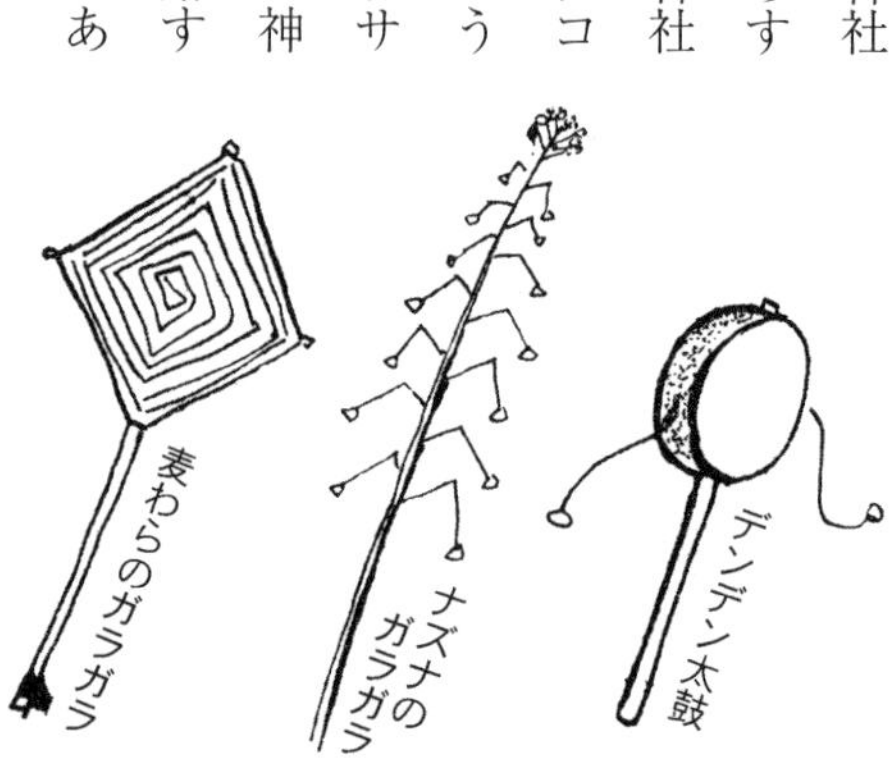


ペンペン草の遊びは春の柔かい風に頬なでながら、静かに遊ぶ草で、ふるさとの想い出深い草である。このごろでは大人たちでさえ、ナズナとは呼ばずペンペン草と幼児語で話すほど、ペンペンの呼び名はあまりにも有名となった。（『日本植物方言集（草本類篇）』（日本植物友の会篇）参照）

# イタドリのおもちゃ

四月の声をきくと、春先に野焼きされた川原の土手や藪にイタドリ（タデ科）の芽が筍のようにニョッキリと顔を出す。そして日を重ねるにしたがいぐんぐんのびて六、七〇センチにのびると、棒状の茎の先端にエンジ色のやわらかい葉がわずかにひらき、この葉が春風にゆらぐと小鳥が羽ばたくように見える。それは酸っぱいおやつのイタドリを待つ子どもたちを招くようにひらひらするものだからたまらない。目ざとい子どもたちはこれを見つけると、われ先に競って駆けつけ、ポッカンポッカンと太い茎をたやすく折り採る。そして手折ったイタドリをこんどは小脇に抱いて土手にのぼると、折れ口の皮に歯をむき出しにして嚙んで、先端に向って皮をむく。すると水がしたたるようなさみどり色の茎が露出し、これをがりがりと食べてしまう（もちろん塩をつけて）。ガリと一嚙りのあとには、あまりの酸っぱさのために顔をしかめるが、そのあとにくるさわやかな味は喉《のど》もとをうるおし、この上なしの野の食べものである。

イタドリの生食はあまりたくさん食べると中毒をおこすので、大人たちは子どもにむかって食べすぎることを戒しめる。大人たちだって時には子どもにかくれて生食をするが、何よりもイタドリを漬物にしたり煮付物にすると意外に美味しいもので、いつも食べすぎると叱る母親もときには、

イタドリ

イタドリを採っておいで！

と子どもにいいつけたりする。そんなとき、子どもは飛びあがらんばかりに喜び、堂々とイタドリを採りに出かけてゆくことができる。それからこのイタドリの茎や根は、煎じ薬になるので、おばあさんのために子どもたちはここでも堂々と胸を張って根を掘りおこしに出かけて、家の裏の日陰に干しておく（本当は小遣《こづか》いが貰えるので）。

こうして芽生えては手折られながら、採り残ったイタドリはやがて枝を出し葉が繁り、夏になると小さな真白い花を無数につける。

## 子どもとイタドリ

子どもたちとイタドリのかかわりは、なんといってもイタドリの茎を生で食べることが関心事の第一なので、茎のおもちゃ遊びは少なく、その多くは食欲の対象物として子どもたちの目に映った。そのために酸っぱい味の名がイタドリの名前としてつけられた。それほどに春の味覚を待ちつづけた子どもたちは、イタドリの芽生えを聞くと、塩を片手に学校の行き帰り、味のよい川原のイタドリを求めて毎日回り道をした。それは文字通りの道草を食うというわけである。ところが空腹のあまりつい食べすぎて腹をこわす子どもたちが、この季節になると増えてくるので、どこの親たちもイタドリを食べることをきつく叱り戒しめていた。そんなことからイタドリの茎の中に細い蛇が棲んでいるとか、毒があるからたくさん食べると大きく（大人）なってから神経痛になるとおどかしてきた。

事実！『食用野草』の著者、九里聰雄は次のように述べている。

「これら（スイバ、イタドリ）の植物は蓚酸塩類を含有し酸味強く、その多くを採食するときは体内のカルシウムを奪取する毒性があるから危険視せねばならぬ。シュウカイドウの茎も蓚酸を含み、かつて茎汁にて中毒死の例がある。カタバミの葉の酸味も同一である。」

こうした毒性のせいかどうか、ときには便所通いが激しくなる子もいた。そして下痢がストップするとこんどはストップしたままで苦しみ、やっと開通のきざしがきたと思うと真夜中での用便で腹の調子が狂ってしまう。昔の田舎の便所は家の外にあったり、家の中にあっても暗闇の廊下を手さぐりで行かなければならないので、恐い恐い思いをした。やっとの思いでたどりつくと、こんどはなかなかお出ましにはならず、あんなに下腹が痛み前ぶれがあったのにもかかわらず自分で自分の腹に不満をもつくらいである。そんなことだから、ますます力《りき》んで顔を赤くして、息も絶え絶えになるほど努力するがなかなかである。ちょっと力を抜くと尻が冷えてきて、吹きあげるすきま風はまるでお尻を撫でられるように気味がわるく、恐さのあまり食べなけりゃよかったと涙を流す子もいた。そんなときだれに教えられたのか、子どもはこんな呪《まじな》いの文句をブツブツと唱えた。

夜糞《よぐそ》どん　夜糞どん
夜出ねで昼間出てきてくてなえん
ハーハーイ　ハーハイッ（宮城）

と幾度も繰返した。そしてやっとの思いで兎《ウサギ》さんの出すようなものをころりと出すと、これまた皮肉にも、昨年刈り採ったイタドリの茎（四つ割にした）で尻を拭うことになるのだが？……これは一名チューギ（岩手県下閉伊地方）という糞ベラでチリ紙のなかった時代の尻拭きである。これほどまでに恐い思いをして苦しんだのに、翌日はケロリと忘れて、ついつい友だちの誘いに足は再び川原の方に向ってしまうのである。

## イタドリの遊び具

島根県簸川や広島の芦品、それから愛媛県の新居でイタドリをタケンボーまたはタチンボという。それはにょっきり伸びたイタドリはまさに棒切れを立てたようなものので、真竹か篠竹の筍のようなもの。その見たなりの名付けがタケドリ（岐阜）、タケスイバ（福井県大野、山口県阿武）、タケッポ（島根県飯名）、ノダケ（山口県厚狭）、ヤマタケ（岡山県）などと竹を連想した名がある。いずれもイタドリのドリやスイバをつけたり、野とか山とつけて本当の筍との差をつけている。イタドリのおもちゃも筍に準ずる材質で柔かであるから、手桶や杓子など筍のおもちゃと同じものを作りママゴトの道具とする。これはイタドリが筍が芽生える前季節に伸びるために、あるいは筍の代用とされて春のママゴト遊びに作られたのかも知れない。この他に姿からの命名にチンポコ、チンボなどと岡山県の和気などでいうが、同じような名でツクシなどの名があり、ツクシにくらべるとずいぶん太く馬並だという。これは男の子が地面から直立したイタドリの芽生えをみて、自分の男性自身のものと似通ったところから戯れに名付けたものである。そんな悪ふざけから、チンポコリン（岡山県浅口）、チョンチョン（香川県綾歌）などと軽口めいた名がつけられている。

おもちゃ遊びではビイビイグサ（山口県）とイタドリをいうところがある。これは竹笛と同じように茎に穴を開けて横笛や縦笛、ときには尺八のようにしてビービー吹き鳴らして遊ぶのだが、竹とちがってこの笛は吹けば酸っぱい味が口中にひろがりとてもいいものである。だから音にひかれて吹くと味がわからなくなり、味を求めると音が出なくなり、二兎を追うことは出来ない。

次に山口県都濃、厚狭ではイタドリをミズクルマ（水車）と呼ぶところがある。これはイタドリの茎を三〇センチぐらいに切り取り、両端に三分の一ぐらい切り込みを入れる。そして水に浸すと、切り込んだ部分の内側の茎肉が膨張して外側に反り返る。これを小川の流れにかけるとくるくると水車のように回るので（次頁最上段の図参照）ミズグルマと子どもたちが名付けたのであろう。またこの反り返ったイタドリは、端午の節句に立てる鯉の吹流しの柱につける矢車のようだから、福島県辺りではイタドリをヤグルマソー（矢車草）という。これはミズ

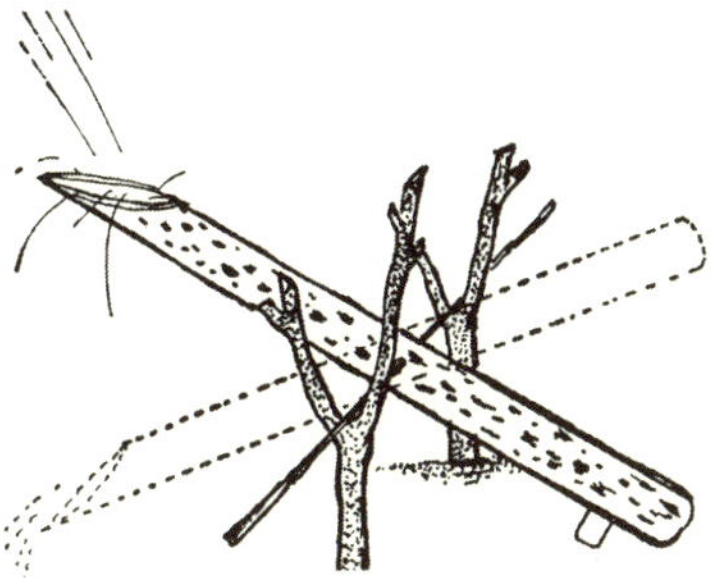

グルマ（水車）遊びから名づけたものだが、形からいうと矢車によく似ている。それから遊びからいうとイタドリの矢車は風には回らないから、水車ということになる。

　福島県や岩手県の葛巻町、九戸村にバッタラとかバッタリという名のイタドリのおもちゃがある。これは竹で作るシシオドシに似たもので、バッタリ、バッタラと米搗きの音をおもちゃの名にしたものである（二段目の図参照）。作り方はイタドリの茎の一端を斜めに切り取り水の受口として、他の一端に杵になる棒のようなものを突き通す。その個所は水受けの方に水を受けて水の落ちる調子をみて、それから横木を通すと決まる。他の部分は図を参照していただきたい。

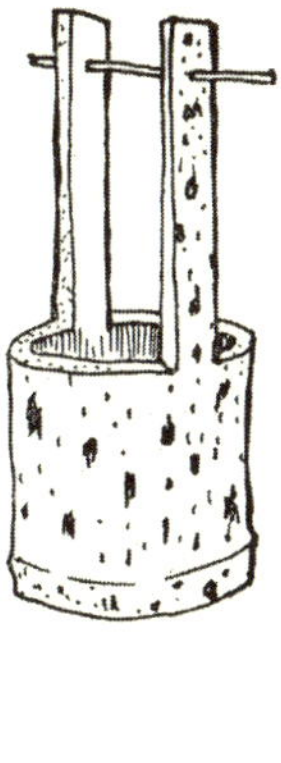

　以上のようにイタドリは竹に似たところがあるので、ノダケ、ヤマダケなどと名づけられ、筍のおもちゃ、竹のシシオドシと同じようなものを、小刀やナイフを使ってイタドリのおもちゃを作った。このイタドリのおもちゃを作るのは、刃物の道具を上手に使いこなす年長の男の子に多く、作って自分が遊ぶというより、妹や小さい子どもに作ってあげるものであった。また妹や小さい子

も、そうしたおもちゃをねだるとお兄ちゃんが作ってくれるものとはじめから思っているので、ママゴトしましょう！　となると空罐や空壜、それから駄菓子屋のムギコガシ（ハッタイ）のスプーンなどに加えて、イタドリのおもちゃがあった。

現代ではこうした手づくりのおもちゃでママゴトをする子どもたちはいない。それどころかイタドリという名前やその他の方言名も知らぬ子どもが多く、ましてやイタドリの生える場所さえも知らない。もちろん自然に囲まれた田園の子どもたちのことだが、自然があっても自然を知らない子どもたちの頭の中はすっかり都会化したようだ。かつて祖父や父が野山の食べ物を愛好し、時には空腹をしのぐ食べ物であったイタドリは放置され刈取られて雑草に埋れている。子どもたちの食べる歴史を彩るイタドリはすでに忘れ去られようとしている。

戦時中、戦後イタドリは生食、惣菜の材料として脚光を浴び、とくにイタドリの葉は乾燥されて刻《きざ》まれタバコの代用品として大人たちにもてはやされた。もっとももそのきっかけは、紙巻タバコにもともと僅かにイタドリの葉を入れていたことから喧伝されたらしい（イタドリの葉を入れるとタバコの灰がポロポロ落ちない理由から使用された）。かつて子どもがイタドリを求めたように、タバコ不足の時代のニコチン大人は野山をかけめぐった。それは空腹を満たす子どもと煙を吸って神経のやすらぎを求める男親の、狂想曲であった。

やがて物資も豊かになり、食べることも喫煙することも不自由のない時代がきて、イタドリは先に述べたようにすっかり忘れ去られようとしている。しかし、子どもの生活史はイタドリが生きつづけるかぎり消え失せることはない草の碑文かも知れない。

# スミレの相撲

春先の道端にいち早く小さな姿を見せるオオイヌフグリの花は、すっきりとした空色でホシノヒトミ（千葉県柏方言）がまたたくようなものである。この小さな草のあとから咲く野辺のスミレもまた、夏目漱石が「菫《すみれ》ほど小さな人」という言葉で句や文に書き表したかれんな草花であるが、このつつましく咲く小さなスミレに寄せる心に「ヒトヨグサ、ヒトハグサ」という異名の昔話がある。

昔ある人が道に迷って広野をさまようち、草の中に鳥の卵を拾った。日暮れて家にもどれぬまま野宿すると、夢まくらに前世の子が現れて、私をこの野に埋めて下さいとたのまれる。夢がさめて袖の卵を埋めてやると、翌朝ふと見ればそこには葉一つの草に紫の花がつつましく咲き出ていた。これがスミレであったという。

ひとよ草　夢さましつつ　古《いにしえ》の
花と思へば　今も摘らん

その後その人は再び夢を見た。今度は弟が現れて、私は野辺の草かげにおりますから、私も埋めて下さいといった。先に埋めた子のいる野にいき、さがすと、また鳥の卵を見つけ、一葉のスミレのもとに埋めると、再び一葉のスミレが生い出で花を咲かせた。人々は珍しがって

スミレ
（村越三千男『大植物図鑑』）

このスミレを求めたが、その人はひそかに隠して、夜な夜な一人でこれを眺めて心の思いを晴らしたという。

命をやかけてぞおしむ一はぐさ
月にや花のさかむよなよな

（前田勇著『児戯叢考』所載『蔵玉和歌集』より）

このように、ひそかに咲くスミレに思いを寄せる哀話の無常は大人の世界であるが、子どもの世界ではなんと、首を垂れて鉤《かぎ》状になったこの花を互いに引っかけて引き合い、どちらかの花首を千切る遊びにうつつをぬかす非情さに満ちたものである。

こんな遊びから子どもたちはスミレをスモウトリグサなどと名付け、同じようにこの花を、人の化身のように想像しながらも、子どもは大人の心をよそに、花を摘んでは引き千切った。愛知、岐阜、三重県などではこの花にジロータロー、ジジーババーと人の名を付けて遊び、さらにはクビキリ（首切）バナ（岐阜）、アゴ（顔のあご）カキバナ（新潟）などと残酷きわまりない。

その意味で、まだこのスミレをサル（猿）コバナ（島根）、ウシ（牛）ンコ、ウマ（馬）ンカツカ（鹿児島）、トノウマ（お殿さまの馬）（西国）、ゲゲウマ（レンゲの咲くころの馬）、トトウマ（父馬）（久留米）、コマカケバナ（長崎、熊本）などの動物名なら気も安まる。鹿児島の国分では女の子がこの遊びをする時に、

ウマンカツ　ウマンカツ
強えか弱えか　ウマンカツ

と唱えながら遊んでおり、ヒッカケバナ（福島）、カギヒキバナ（岩手）のように物にたとえるよりも、遊びとして楽しいものがある。

だが、何といっても古よりスマイグサ（相撲）転じてスモウトリグサ、スモウトリバナという方言が圧倒的に全国に多いのは、大人の嘆きをよそに、二つの花の力競べ遊びに子どもたちが興じていたかを知ることができ

る。それというのも、大人たちが古歌のスミレは今のレンゲソウだとか（『物類称呼』）スミレのスは酸でミレはニレ、ミラの転の野菜説、大工道具の墨つぼに花が似ているから墨入《すみいれ》と名付けられたと歴史的な論議をしている間に、子どもたちは遊びの中からどしどしと名前を付けていった。

　全国のスミレの方言の中には、不思議とスミレと呼ぶものが絶無といってよいほどないのは、如何に子どもと草のかかわりが深いかがわかる。そしてこれらのスモウトリグサという名の遊びはスミレでとどまらず、オオバコ、メヒシバにまで名をあたえ、さらにこの遊びはカタクリ、スズメノヤリ、松葉にまで伸展した。

　こうした自然の中で、草にかかわりを密接に保つ子どもたちの躍動の真意は、あるいは古代からの鉤引の神占いの原性がそうさせるのかも知れない。

　最近はこの野辺のスミレは、次第に姿を消しつつある。それは八十数種のスミレ一族の中では、あまりにも小さく華やかさもないことから、忘れられがちで、それだけ

自然を無視する現代の風潮を物語っている。

# サクラのヤニ遊び

三分咲きとか五分咲きなどと大人たちの話題になったサクラの名所も、花の終わったいまはだれも見向きもしなくなる。いやそれどころか、毛虫がいるからといってサクラの木を避けて通る人もいるほどである。

ところが、子どもたちとサクラの木は、花の咲くころよりも、むしろ葉ザクラのころの方に親しみ遊ぶことが多い。特に山ザクラの木は、黒い小さなサクランボが出来るので、これをタンポポの茎に刺して吹き玉遊びをしたり、クワの実のように食べることもあった。だが何といっても葉ザクラのころの遊びは、サクラの幹に出るヤニの遊びである。

子どもたちはサクラのヤニを発見すると、なるべく新しいこはく色したヤニを真っ先にとって平らな石の上に乗せて棒で練る。それから親指と人差指に付けて、小鳥のくちばしのようにピヨピヨやると、ヤニのねばりがだんだん出てきて、納豆の糸のように伸びてくる。これを子どもたちは指に巻きつけたり、伸ばし伸ばして○○センチ伸びたと遊ぶ。

こんなヤニ遊びを五月晴れの葉ザクラの下で、だれかが始めると、だれもかれもがこれをまねして遊びだす。そしてついには地域の子どもたちみんな、サクラのヤニを求め歩き、指で練り、だれが一番伸びたかといって遊んだ。

サクラ（ソメイヨシノ）
（村越三千男『大植物図鑑』）

# ソラ豆の葉

立夏も過ぎて麦がそろそろ黄色くなるころ、その麦畑のあぜのソラ豆は、葉もさやも黒ずんでくる。そうソラ豆は食べごろである。

このころになると、なぜか子どもたちは黒くなるのを待っていましたとばかり、学校の行き帰り道に、あぜのソラ豆の葉を一枚つまみとっては口に入れ、ピチャピチャと舌の上にのせて葉を吸うことがはやりだす。

そしてときおりハアッーと息をはいては葉をつまみだし、再び口に入れてはピチャピチャやりだす。すると初め青くさかったソラ豆の葉は、いつの間にか甘ったるい味わいがでてきて、舌に残る五月の味はなんともいえぬものである。

こんな遊びをしていると、ソラ豆の葉は次第に袋のようになって膨れてくる。子どもたちの遊びはソラ豆の葉の味わいよりも、むしろ葉が風船のように膨れるのを待っていたのである。

膨れた葉を舌の上にのせ、これをギュッと押しつぶすと、アーと鳴る。まるで大きなホオズキのようである。ところがブーブーと鳴らすころには、口も舌もくたびれて動かすことが面倒になり、とうとう手のひらにのせてパンとたたきつぶした。

このごろではこんな遊びをする子どもはなくなった。

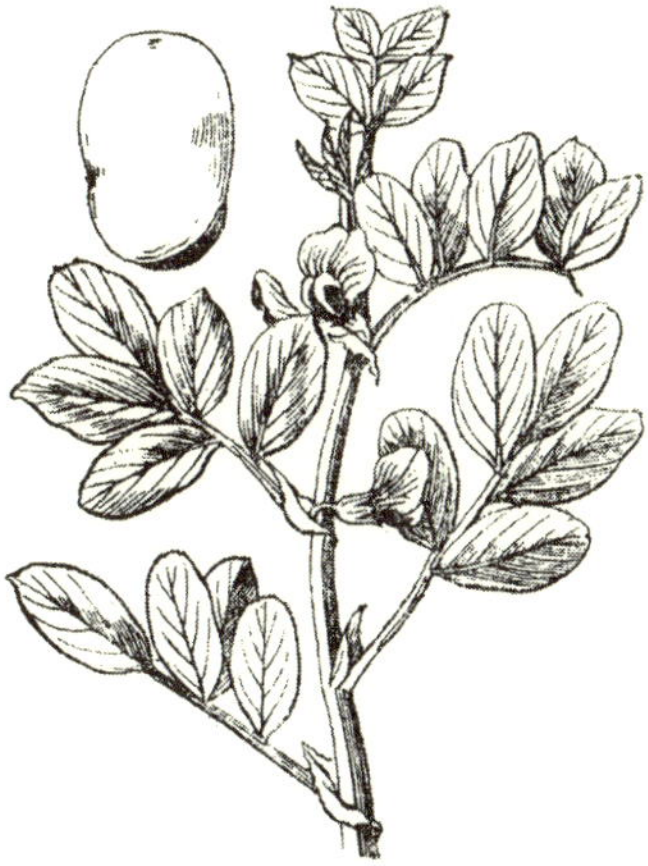

ソラマメ
（村越三千男『大植物図鑑』）

考えてみるとたった一枚のソラ豆の葉を口に入れて、執念深く一つの目的に向かって作業を繰り返す昔の子ども遊びは、現代の子どもたちには理解のできない遊びであるかもしれない。

# ドジョウ掘り

いてつくような寒さも三月に入ると、ときおり春をおもわせる暖かい日が訪れるが、冬の水がれで干上がった田んぼの小川は、ところどころ湿ったところを残して枯れ草に覆われ、水の流れはない。ただ土手のネコヤナギの銀の毛玉が、早春の風に揺らぐばかりである。

こんな季節になると男の子どもたちは、暖かさにかり出されたように小川へ出かけ、枯れ草を払いよけながらドジョウ掘りに精を出した。あちらでもこちらでも、着物のすそをはしょり、そでを巻き上げて、泥だらけの手足で枯れ草をぴょんぴょんはねるように土手を走っては、川に身をかがめた。

ドジョウ掘りとは、川底の泥にもぐっているドジョウを掘り出すことで、ミミズや畑のお芋を掘り起こすように、川の魚が簡単に捕れた。面白いように捕れるから、泥の冷たさも忘れ、手足どころか着物まで泥だらけになって夢中で捕り続け、日暮れてからやっと家に帰った。

寒さと疲れでやっとのこと家の土間に入ると、その泥だらけのわが子の姿を見た母親は、ドジョウどころかカンカンになって叱ったが、父親はニコニコと、よく捕ったなと励ました。本当は晩の酒のサカナになると喜んだのかもしれない。

茨城県あたりでは昔は排水溝を作らなかったから、水田には稲刈りそのままの稲株が水の中に点々と見えていた。春になり水田の薄氷も解け水ぬるむころ、稲刈りの人の足跡のくぼみにドジョウの冬眠する穴があったという。農村の子どもたちはこの穴を探し、手掘りでドジョウを捕まえた。

川の水も冷えてくる秋になると、ドジョウは小さな堀割や水田から小川へと下り、やがて大きな川へ入る。ところが、すべてのドジョウが小さな川から姿を消すのではなく、水の流れが淀む深みのところは冬枯れで水がなくなっても湿っており、ここがドジョウの冬眠する場所でもあった。同じ茨城でも南の利根町あたりでは、春ではなく十一月の末の「カビ田起こし」のころドジョウを捕るという。このカビ田とは稲を刈り取った跡がそのままになっている田圃のことで、これを万能鍬で掘り起こした。とくに地面が低くなったところの田を掘り起こすと、ドジョウが必ずいた。大人たちは掘り起こしながら出てきたドジョウを拾っては、腰に下げた空き缶に入れた。なんでも一日カビ田起こしをすると三合から五合くらいのドジョウが捕れたという話である。

　私のドジョウ掘りは、生家の裏に二メートル足らずの野水が流れる川があり、この川の源は一丁ほど溯《さかのぼ》ったところに、田圃に囲まれた川柳が生える湧水の堀があった。この小さな窪地は夏になると湧水であふれたが、冬になるとパッタリと湧水は止まった。この窪地の一番深みの個所はいつも湿っており、川柳の根がもつれた木綿糸のように水面に垂れ下がっていた。この場所で四〇〇匁（一・五キログラム）ものドジョウを捕まえ父にほめられたことがある。ことわざでは「柳の下にいつもドジョウは居らぬ」というが、不思議と二年続けて柳の下にドジョウがいたのである。三月の末、私は三度目の柳の下のドジョウを求めて、密かにバケツを下げて出かけた。ところが目指す場所を掘っても、なんと一尾も捕れなかった。まさに柳の下にドジョウはいなかったのである。しかたなくあちこちバケツを逆手に泥掘りして、やっと一五〇匁（五六二・五グラム）のドジョウを捕った。家に帰って父にこのことを話すと父は―昔の人は間違ったことは云わねぇもんだ―とポツリと言った。

　捕ってきたドジョウは裏庭の隅の水瓶に入れた。こうして時折捕ってきては水瓶に入れ、二日もするとドジョウは泥を吐いた。父はドジョウが溜まると小笊《ざる》ですくって小鍋に入れ、仕事をしながら店の火鉢の上で手軽に煮た。

　父のドジョウの調理は、まずドジョウを笊で一〇〇匁

（三七五グラム）ぐらいすくって鍋に入れ、水なしのまま火の上にのせる。そして鍋ぶたを少しずらして、ここに醬油差しで醬油を注ぎ込む。ドジョウは鍋底から熱せられ、上からは塩気のある液体が降り注がれ、バラバラと大暴れ。地獄、煉獄、それこそ死にもの狂いの暴れ方である。いつだったか醬油を入れて鍋ぶたを押さえなかったのでドジョウが飛び出し、火鉢の灰の中で大暴れした。そのときの父の慌て振りが滑稽であったのを印象深く覚えている。

鍋地獄の暴動は二、三秒でおさまり、ドジョウは鍋底に川の字に横たわり成仏している。少しして砂糖と晩酌の酒をちょっぴり入れて、しばしぐつぐつ煮ると即製佃煮が出来上がった。

父はよくこの調理法でドジョウを煮て晩酌の肴にしていたが、なぜか母にはドジョウを煮させなかった。それは脊椎カリエスという不治の病といわれた病気を治そうとする前向きな努力の一環で、人任せにはできないという父の真摯な態度でもあった。

このごろではこのような魚捕りの子どもの姿を見たことがない。いやそれどころかドジョウが泥の中にもぐって冬を越すとは、子どもたちは知らない。それというのも田んぼの小川から魚が姿を消して久しいことと、野山に出かけて遊ぶ子がなくなったせいもある。

# 川カニ釣り

冬の水枯れのころ、川土手の石を掘り起こして川カニとりに夢中になって、土手を崩して大人にひどくしかられた。その川も春暖かくなると、いつのまにか水が増して、すっかり元の川の姿に戻ってしまった。

それでも子どもたちは川カニをとることを忘れない。ましてや春雨が二日も続くと、川水は濁り冬眠のカエルがチラホラ鳴き出すと、もうじっとしておられず、朝早くから川岸に出かけて、再びカニ釣りに夢中になった。

カニのエサはカエルである。目覚めたばかりのカエルは子どもたちに捕えられ、足の元から皮をはがれて丸裸にされた。シノ竹に木綿糸をつけた釣りざおに丸裸のカエルをくくりつけたり、またはまたの肉だけを二、三ヵ所につけて、石のおもりを糸先につけた。それを川の中にほうりこんで、しばらくたらしておくとピクピク動く。川の水は濁ってカニの姿は見えないが、わずかな手ごたえでカニが大きなハサミでカエルをはさむ様子がわかる。

子どもは川岸でじっと糸の動きを見ながら

カニさんカニさん

早く食べておくれ

と願う気持ちで、ソッとソッと静かに糸を引き上げると、カニはエレベーターに乗ったように水面にポカンと浮き上がる。

が、カニも用心深い。水面を離れると

――これは大変だ――

とばかりハサミをゆるめて水に落ちるので網ですくい捕る。

なにも知らない濁った水の中のカニは、次から次へと捕えられ、バケツの中でアワを吹き出して、ブツブツ、カエルなんかくらいつくのではなかったとこぼしていた。

このごろでは川カニは少なくなって、ザリガニの天下となったが、そのザリガニも川の中から姿を消しつつあるようだ。

# 地虫釣り

晩春を過ぎると私は必ず種苗屋に出かけてナス、トマトの苗とダイコン、キュウリの種を求め、わが菜園に夏の収穫の準備をするのが、ささやかな農事暦となっているが、このころになると、決まって近くの小学校裏の空き地に、ランドセルを背負った子どもが三三五五、地面にうずくまる姿がここ二、三年引き続いて見られるようになった。

初めのころ、これを見た私は道草をしている子どもだな！　とばかり思って通り過ぎたが、翌日も翌翌日も同じ場所で同じようにしている姿を見ると、子ども好きの私は不思議に思って、自転車を下りて近寄った。そして子どもがジッと見つめている地面を見ると、なんと！　だれが教えたのか子どもたちは口をへの字にむすんで地虫釣りに夢中になっているではないか！

私はこれを見てビックリすると同時に、飛び上がらんばかりにうれしくなって、自転車の荷台の苗をそのままにして、一時間近く、子どもとともに地虫釣りにわれを忘れたことがある。それ以来、どのようにして子どもどうしに伝えられるのか、季節がやってくると、地虫釣りの姿が毎年見られるようになった。

地虫とはハンミョウの幼虫のことであるが、この虫は麦の穂が出る季節からしばらくの間、粘土質の原っぱや庭の片すみなどに直径三ミリほどのタテ穴の中に生息し、ほかの虫を狙い食いする殺し屋である。体は一〇・八ミリの灰白色の細長い円筒形で、S字状に曲がって頭が体に比べて大きい。そしてよく見ると、五節のあたりの背にコブのようなものがあり、そのコブの上に鉤《かぎ》が一対ついている怪奇な虫である。

そのために漢字ではこの虫を鉤駱駝《かぎらくだ》と書き表すが、わが国ではコブのことよりも、この虫の顔が仁王さまに踏みつけられた天邪鬼《あまのじゃく》に似ているので、アマノジャコ、アマノジャキなどと呼んでいる。名は体を表すもので、いずれもこの虫のグロテスクな姿から名付けられたが、グロテスクなのは姿ばかりでなく、性質が獰猛《どうもう》で、空腹になると穴の入口に赤黒い首を出して、他の虫の通るのを待ち伏せして、獲物が近づくと一瞬の間に体を乗り出して虫に食いついて穴に引きずり込み、相手が手ごわければ土穴壁に体の鈎を引っかけて足をふん張り、次第に穴に引き入れて胃袋に納めてしまう。あのふにゃふにゃした虫が！　と舌を巻かざるを得ない。

ところが、このグロテスクな虫が成虫となると、金縁に赤い斑紋の美しい甲虫に変身して、ミチオシエなどと呼ばれる虫になるからさらに驚く。子どもたちがこの虫をニラムシと呼んで、穴にニラをさし入れて釣り遊びをするのは、こうした虫の習性を利用して、だまし釣りをすることだが、釣ったからといって、どうってこともない遊びである。私なども幼いころ盛んにこの釣り遊びをやり、だれが一番多く釣れるかと競争したことがあるが、どちらかというと、さびしい思い出の印象が多い。

子どもの集団から組抜けにされて、一人で庭先で遊んだことと、山遊びに出かけて迷子になり、やっと人家を見つけて庭先に入ると、その家は廃屋であった。途方にくれて地面を見ると、庭じゅう地虫の穴だらけで、人の足音で地虫の大軍の首が出たり入ったりする光景であった。それはゾーッとするくらい気持ちの悪いものであった。

子ども時代の虫とのかかわりは、人それぞれに思い出の多いものだが、地虫釣りはとくに激しく体を使う遊びでないだけに、坐禅を組んだような一つの小さな世界を彩るものだけに思い出深い。

こうした地虫釣りの遊びはいつごろからあるのかわからないが、江戸時代の『嬉遊笑覧《きゆうしょうらん》』にはすでに記述されてあるところを見ると、かなり古い子どもの遊びであるらしく、『五色墨』という享保十六年刊の書には、

手習ひの肘も洗はぬ地虫釣り　素丸

という寺子屋帰りの子の様子をうたった連句の一つがある。

この時代から二五〇年近くたった現在、私の家の近くで、やはり学校帰りの子どもが地虫釣りをする姿を見ると、自然に寄せる子どもの遊びとは変わらぬものだとつくづく思った。そして、子どもの遊びとは、大人の知恵で簡単に変えるものでなく、また変えられないものだと思った。それは自然の大地とともに培われてきた、民族の幼心の本性であるからであろう。

# 夏の自然遊び

# オオバコとカエル

オオバコという草は、踏み固められた地面に生える性質があるので、人や車が行来する道ばたに泥だらけになっても、踏まれても、千切られてもたくましく生きている草である。また家のまわりなどにもよく生えていて、雨水の流れるところや、狭い通路の隅など、思いがけないところに生えていることもある。このようにオオバコは、人や車が通る道路や家のまわりに好んで自生する人里植物なので、山で道に迷ったときなど、オオバコの生えている道を行けば、かならず人里に出られるので助かると、人々がいうのもこうした草の性質をよく知っているからであろう。

こんな草だから、中国（漢名）ではオオバコのことを「車前草」と名付けている。それは牛馬の轍《わだち》の跡に生えるという意味で、この草の特性を活かした名になっているが、私たちの祖先はこの草の特性よりも、他の雑草に比べて大きな楕円形の葉であることから、「大葉子《おおばこ》」と名付けた。そして現在では全国共通の標準名となっている。

オオバコ

### カエルクサ

ところがオオバコという名の他に、オオバコの名をしのぐほどの別名（方言名）がたくさんあることを忘れてはならない。とくにそのなかで多いのが「カエル」名のついた名前である。このカエル名のオオバコの分布は主に

東日本から北方にかけてひろがっている。たとえば静岡で、オオバコをギャーロッパ、福島県、茨城県、新潟県でゲェールッパ、秋田県や山形県ではビッキクサ、栃木県ではカイルッパという。カエロッパという名はなんと、茨城、栃木、千葉、長野、仙台市とひろがっている。いずれもその土地でいうカエルの方言名がつけられていて、『物類称呼《ぶつるいしょうこ》』という江戸時代の方言集にも、

「野州及奥州にて、かへるばといふ」

とあるから、古くからオオバコにカエル名がつけられていたことがわかる。ではどうしてこんなにもカエルの名前をつけた土地が多く、名付けの因はなにか。ある人はオオバコの葉の形がカエルの腹に似ているからであろうという。またある人は中国の書物『本草綱目』にオオバコの異名に「蝦蟇衣《がまい》」とあるから、カエルの名がついたのもこのあたりからの名付けのルーツがありそうだという。どれもこれもごもっともな説であるが、どうも少し考えすぎたようで、実はオオバコとカエルを結びつけたのは、子どもたちの遊びからであった。

### カエルと子どもたち

春も四月ともなれば日一日と水もぬくもり、田んぼの水たまりには、トコロ天をつぶしたような卵をカエルが産みつける。そして十日もすると孵化してお玉じゃくしになり、日増しに成長して黒いのっぺらぼうの頭に細い尾を振りながら泳ぐ姿はこっけいである。子どもたちは水たまりのお玉じゃくしをみつけると、捕りたくなるのもその可愛らしさからである。

　お玉じゃくしはなぜ髪結わぬ
　　つるつるすべって髪結わぬ（東京）

というわらべ唄をうたうほど人気があった。やがてかわ

いかったお玉じゃくしに脚が生えて尾がとれてカエルになるころは、田んぼの水たまりは代掻《しろか》きされた水田となり、田植えを待つばかりになる。ぴょんぴょん飛び出したカエルは、あっちでもこっちでもゲロゲロ鳴きつづけ、それはそれは賑やかな田園大合唱がくりひろげられる。

お玉じゃくしを捕え遊んだ子どもたちはこのころになると、カエルより魚捕りの網をもって泥鰌《どじょう》捕りに夢中になる子が多く、カエルなんて見向きもしない。ところが稲ものびて青田の季節になると、あれほど鳴きつづけたカエルもすっかり唄を忘れて、カエルになりたてのころより大きくなり、にくらしい姿になる。そんな姿のせいか、子どもたちは不思議とカエルに関心をもちはじめ、カエルを捕えておもちゃにするようになる。その原因の一つには、小川のへりに立って魚をとろうと近づくと、きまってカエルがポチャンと水に飛びこみ、魚は逃げてしまうことがたびたびであるから、まったくしゃくにさわる。そしてついにはカエルをつかまえていじめはじめる。

## カエル釣り

魚捕りをやめた子どもたちは、魚捕りのたも網でカエルを捕えたり、追いかけて手づかみにするが、最初っからカエル捕りをやろうと友だちどうしではじめるときは、腕自慢のカエル釣りをやる。

まず釣糸、釣竿だが、これはエノコログサを使う。コロコロした穂毛の先をしごき落し、これにオオバコの葉を千切って結びつけ餌に見せかける。またはキツネノボタンの実を穂先に結びつけてカエルの口先にさげる。このときカエルにむかってこんな唄を子どもたちはうたった。

げぁげぁ　ととくいげぁととくい
お臍の下まで　ぐっと呑め　ぐっと呑め（愛知）
注：げぁ（カエルのこと）、ととくい（魚食い）

または、

蛙　釣ろ釣ろ
親の乳よりうまいもの食わそ（三重）

とカエルをなだめすかして、なんとかして食べさせようと餌を動かす。

だがカエルは肉食だから草は食べない。もちろんエノコログサの穂もキツネノボタンの実も、オオバコの葉だって食べない（蟇の油売りの口上で、筑波山のオンバコの葉を食べるとあるのはウソである）。それなのになぜカエルを釣ることが出来るかというと、両手をついてすましたカエルの口先に、まるで生きもののように餌を動かす。カエルは生きものと錯覚してパクリと口をあけて、長い舌でからめくわえる。そのくわえた瞬間に釣りあげるのがコツなのだが、まんまとだまされたカエルにとっては、えらい災難である。こうして捕えたカエルはトノサマガエルがどういうものか多く、バケツの中に入れて上から網をかけておき、やがて友だちどうしで遊びをはじめる。

（「カエル釣り」の項参照）

## ヌードのカエル

カエルはある時期がくると自分の皮を脱ぐのだが、まだ脱皮する時期でないのに、子どもたちは面白がって無理矢理皮脱ぎを手伝う。これを裸蛙《はだかがえる》といい、まず後脚からむきはじめ、頭の方に引くとペロリと脱げる。汚れたような皮をむいたあとは、ピンク色の肌で痛々しいがとてもきれいだ。そして赤裸のカエルはこのまま川に放すが、トノサマガエルでなく、赤蛙という食用にするカエルをみつけたときは皮をむいてから焼いて、雀の味がするといって食べてしまう。

たんたん　たんたん田の中で
大雨蛙《おんびき》おさえて　皮はいで
これでとべるか　とんでみよ（高知県）

## フーセンガエル

解放された裸蛙は、それでも元気に飛びはねて去ってゆくが、本当は子どもの手を放れたカエルは次のわらべ唄のように

土手の蛙が両手をついて、
水にあわずに泣きあかす（高知県）

と草陰で水に洗われてしみる赤肌の痛さに泣いていたか

もしれない。

さてフーセンガエルとは、カエルのお尻に麦藁（ストロー）をさしこんで空気を入れる。子どもは口いっぱいに息を吸いこんで、顔を赤くして息を吹きこむと、最初はちょっと入らないが、やがてスーッと入ってプーとお腹がふくれてくる。直腸から空気を入れたせいか、ちょっと土くさい。

蛙《びっき》の手間取り　腹ばし膨《ふく》れで

ねってし用ねただねえ（秋田県）

などの唄も、こんな遊びからできたのであろう。お腹のふくれたカエルは、目玉ばかり出っぱって、はねようとしても脚は空振りばかりで逃げられない。こうして腹のふくれたカエルを数匹水に浮べ、草の茎などで突っついては泳がせようとする。ところが動いてもショウリョウバッタが水に落ちたように、水泳の達人であるカエルどのもからっきしだめで、そして間もなくクルリと回転してお腹を上にして水の流れにまかせることになる。

## カエルの葬式

子どもたちに捕えられたカエルは、皮をむかれて裸にされたり、空気を入れられて身動きも出来なくなり、ときには次の唄のように、

蛙《げあす》の頭に灸すえて

これで飛ぶなら飛んでみよ

オッペケペント　ペントンと（愛知）

蛙の目玉に針立てて

どこ飛ばりょか飛んでみな

ぴょこぴょこぴょこぴょこぴょっこ（島根）

などと、さんざんなぶられ弄《もてあそ》ばれてすっかり弱ってしまう。それでも子どもの手を放れれば意外に強靭《きょうじん》な体の持主で、もとの姿にもどるのだが、子どもの手もとで弱ってしまい、身動きもせずぐったりとなると、いよいよカエルの終焉、葬式となる。

子どもたちは、だらりと両脚をぶらさげたカエルを片手の掌《て》の上にのせ、もう一方の手で足もとのオオバコを千切ると、まるで毛布のように包む。こうした動作は予

期したかのような遊びの手順で、巧みに事が運ぶ。

オオバコに包んだカエルを静かに地面に横たえると、子どもたちは両手に土を盛ってカエルの体の上にかわるがわる振りかけ、小さな土饅頭のような墓をつくり、野の花をさして供養の準備が出来あがる。こうすることは、このままあの世にいってもいいということと、もう一つにはオオバコの薬効が土中で発揚されて、体のいたみもなくなり再びよみがえると信じられていたからである。どちらにしても子どもたちは、オオバコの花茎をもって墓前に参列すると、どの子もどの子も大きな声を張りあげて、

びっきどん　びっきどんいつ死んだ
ゆんべの餅食って　今朝死んだ
お医者さま来たから　戸を開けろ
からりん　きっきのほい（山形）

と唄う。ところによってはこの唄文句はいろいろであるが（「カエルの葬式」の項参照）、なかには念仏婆さんから教わった「帰命ちょうさい」なんてご詠歌などをやる子もおり、賑やかな弔《とむら》いである。

さきほどまでさんざんいじめたのに、こんどはガラリ態度を変えて、療《なお》って下さい、天国へ行って下さいでは大変身勝手である。いくらなんでもオオバコの葉が万病に効くからといって（漢方の生薬・利尿・セキ止め・腎臓・腫物・化膿・傷）、そうそう効くものではなく、そのまま死んでしまうものが多い。ところが、ときには強靭な体のカエルがおり、子どもたちが大きな声で、うたい唱えていると、突然！　土饅頭の墓がむっくり割れて、カエルの頭が出てくることもあった。サァー大変、子どもたちはびっくりして尻もちをつくと、われさきにキャーキャーワァワァ叫びながら逃げ出してゆく。そのときの子どもたちときたら本当のお化けだと

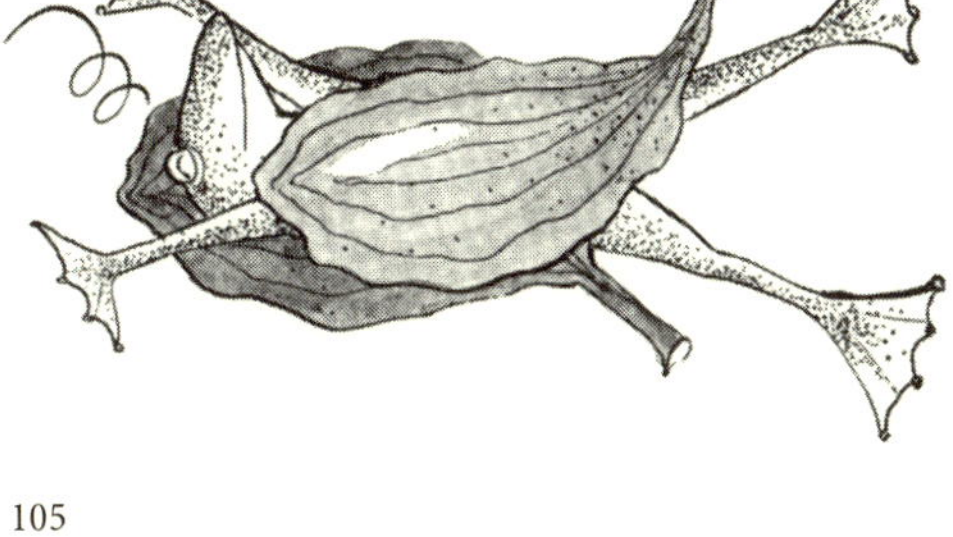

信じて恐れていた。（「カエルの葬式」の項参照）

## 蛙草命名

オオバコにカエルの名を冠したのも、この草がカエルの棲む溝や川べりあるいは道ばたによく生えていて、カエルを包むころあいの葉であったということから、『本草綱目』でいう車前草の異名「蝦蟇衣」の名付けがあったものと思われる。もう一つにはオオバコが薬草であることが万人に知られたもので、カエルをおもちゃにしてなぶって弱っても、この草がカエルの蘇生に役立つという意味も名付けのもとであったかも知れない。

このカエルの葬式は江戸時代の俳人、小林一茶が書いた『おらが春』に、「蛙の野送」という信濃の国の子どもたちの遊びが次のように記るされてある。

……爰らの子どもの戯に蛙を生ながら土に埋めて諷《うた》ふていはく、ひきどの（蛙）のお死なつた、おんばく（オオバコ）もつてとぶらひにくく、と口々にはやして芣苡《おんばく》の葉を彼うづめたる上に打かぶせて帰りぬ……。

また『撈海一得』（鈴木煥郷著）という江戸時代明和年代に書かれた書物の巻上「蛙のおんばこ」に、

今児戯ニ　蝦蟇《がま》ヲ捉テ　嬲殺《なぶりごろ》シ　地ニ小坎《あな》ヲナシ車前草《おおばこ》ヲ襯《し》キ　死蝦蟇ヲ安頓《おき》シ　上ニ又車前草ヲ被ヒ　畢ッテ　小児圍《い》繞《じやう》環列《はくれつ》シテ祝テ曰　かいるどの、おしにやったおんばくどののおんとむらひト臍レ聲《を》撃《うち》レ壊テ是ヲ　咒《まじない》ス　須臾《しばらく》ニシテ死蝦蟇蹶然跳《として》躍ス

と書かれている。この時代にはすでに各地方の子どもたちの間に「カエルの葬式」遊びが流行《はや》っていたことはたしかで、それは現在オオバコにカエルの名を冠した草名が各地にあり、そこにはカエルの弔いをするわらべ唄が伝えられていることからもわかる。また蛙名がつけられずとも、かつての通り名のオンバク（オオバコ）とカエルを呼び、オオバコとの結びつきを知ると同時に、昔の子どもの生活をうかがい知ることができる。

# オオバコの草遊び

## ヒッキリコ

夏近くなると、ほこりにまみれた道ばたのオオバコは、花茎がぐんぐんのびて細長い穂状に小さな白い花を密集して咲かせる。それがネズミの尾のように風にゆらいで見えるので、子どもたちはこの花茎を引き抜くと、「ネズミだぞ!」などといいながら、チュウチュウと友だちの衿くびや頬を撫でて、いたずらをした。そんなとき、だれかが「ヒッキリッコしよう!」といいだすと、どの子もどの子も花茎を両手いっぱいに引き抜いてきて、道ばたの木陰で遊びはじめる。ヒッキリコとは子どもたちがお互いに花茎をU字型に曲げて、相手のU字型に引っかけて引きあいごっこをする遊びである。そしてどちらかが切れると負けになるのだが、この勝負《かちまけ》をきめることが相撲をとるようだから、オオバコをスモートリクサ(千葉県、静岡県、奈良県、新潟県、長崎県)、スモートリバナ(長崎県)またはトリコパコ(秋田)、ビッキリコー(長野)などと遊び名がそのまま草の名になっているところもある。

また変わったところでは、引っぱるというよりも左右交互に手を引きあい、ズイコン、ズイコンといいながら遊ぶところが長野県にある。福島県の檜枝岐《ひのえまた》では同じ遊びをズイコ、メーコ、ズイコ、メーコというが、山形県庄内ではズッコン、

メッコンと少し変わってくる。どちらの遊びも遊び言葉も、木樵《きこり》が鋸《のこぎり》で丸太を挽くところを連想したもので、とくにオオバコの花茎の蕾がパラパラと落ちるところは、鋸屑《おがくず》と同じように見え、遊びをますます面白くした。ところが同じ遊びでも土地が変わると遊びの名も遊びの連想も異なるもので、長野県では、

　イスス（石臼《いしうす》）ゴーゴー金《かね》ゴーゴー

とうたいながら交互に引きあって遊ぶ。イススとは粉を挽く石臼のことで、父母親たち二人が石臼に引き縄をかけて、左右に縄を交互に引いて臼が半回転してはもどり、

粉を挽く有様によく似ているからである。新潟県の六日町ではこの遊び唄に、

　臼ひきザンゴー　米かみドンコー
　　山に米がたくさんで
　となりの爺さまみな噛《か》んだ
　　ザンゴー　ザンゴー

と子どもたち二人が向いあい、この唄をうたいながらどちらの花茎が早くすり切れるかという遊びをした。

## ホーズキバ

千葉県の方言にオオバコをホーズキバとかフーズイバというのがある。今ではこの名を知る人も少なくなり、それだけこの遊びをする子どもたちがいなくなったともいえるが、ホーズキバとは、ホオズキのようにオオバコの葉を口に含んでブーブー鳴らす遊びで、フーズイバとは、巾着袋の方言がフーズであるから、巾着のように葉茎から息を吹き込みふくらますことである。この遊びをするには、オオバコの葉を自分で袋に加工しないと遊

ぶことができないので、どの子もこれを作るのに熱中し、とくに破れやすいので注意深く慎重にとりかかった。まずあまり大きくないオオバコの葉を湯通ししてからよくもむと、葉肉が表裏にはがれて袋のようになる。そして茎肉のところから息を吹き入れてふくらまし、糸で結び止めるとフーズ（巾着）が出来上る。ホーズキバは巾着に作った葉裏のまん中に小さい穴をあけて、その葉を口に入れて上の口腔に舌で押しつぶすと、ブーッと短い音が出る。子どもたちはこのホーズキバ遊びをはじめると、それぞれが口をカエルのようにへの字にして、ブーブー音を鳴らしながら田んぼの畔道を歩いたそうだ。

## マリゴグサ

オオバコのことをマリゴグサ（岩手県）、マリギーハ（秋田県）、マルコバ（青森県）などと東北三県にわたって手毬《てまり》のような名が草の名となっている。この名付けのもとは、オオバコの葉を束ねて子どもたちがマリのようにして遊ぶことと、もう一つは物を束ねる言葉を北関東から東北にかけて、マルキ、マルゲなどということから、このマリの名がついたという説がある。しかし、一概にそうとばかりいえないのは、あきらかにオオバコのまるい葉の形からの名付けであるマルバクサ（秋田県）、マルパパ（青森県、秋田県、岩手県）、サルゴノハ（岩手県）、マルコッパ（青森県、秋田県、岩手県盛岡市）などがあり、遠く南の山口県や大分県にもマルッパというところがあるので、なかなか名付けのもとをはっきりすることはできない。

オオバコの葉で作る毬《まり》は、たくさんの大きい葉を採ってきて（葉の根もとから葉茎を折りとる）、そして葉と葉茎のところから下の個所を爪で強く押し切り、茎を引くと白い筋糸が残る。こうした葉を百枚以上、ときにはもっともっとたくさん作る。山積みされた葉を二〇枚単位に重ね揃え、白い筋糸だけを束ね、さらに束ねたものを二つ三つつき合せ大きくまとめて一つにくくる。この束ねる、くくる、ことを方言でマルクとかマルキとかいうことからマルキッパとオオバコを呼ぶにいたったという説である。

さて、このようにして白筋糸を束ねて、葉をさわさわと軽く突きあげると、葉がそれぞれにはがれて薬玉《くすだま》のように球形の毬となる。これはバレーボールのように突きあげる毬遊びである。蕗の葉の毬もこのオオバコの毬と同じ作り方で、オオバコよりも作りやすい。

## ハタオリ

長野県の野尻や小諸の近くの望月で、オオバコのことをハタオリというところがある。オオバコとハタオリではちょっと結びつかぬ名前なので調べてみると、隣の山梨県でもハタオリというところがあり、また北関東から東北にかけてはハタオリと名づけるほどではないが同じ遊びをするところがあった。この遊びはオオバコの葉を材料にハタオリのごとく作って遊ぶことから、子どもたちがつけた名前であった。

ハタオリの作り方は、まず手ごろの大きさのオオバコを図①のような点線に爪で強く押しきり茎を引き抜く。するとオオバコのマリを作るときと同じように筋糸が残る。それから図②のように、一、二センチおって点線のところを再び爪で押し切り引くのだが、これは筬《おさ》になるので筋糸から抜きとらずそのままにしておく。図③のように筋糸の端を束ねて糸で結び出来上り。

遊び方は手前の葉を帯にはさみ、左手に筋糸の束ねたところを指でつまみ持ち、右手指先で筬の茎片をつまみもち、これを前後に動かして遊ぶ。ただこれだけのことだが、つまみもつ筬を前後に動かすと、母が使う機織《はたおり》を想像し、ヒーチャンチャン、ヒーチャンチャンとその音を口真似した。ときにはヒーがなくチャンカラ、チャンカラなどと口ずさむが、これはイザリ機《はた》（坐り式）でなく新しい織機タカハタ（椅

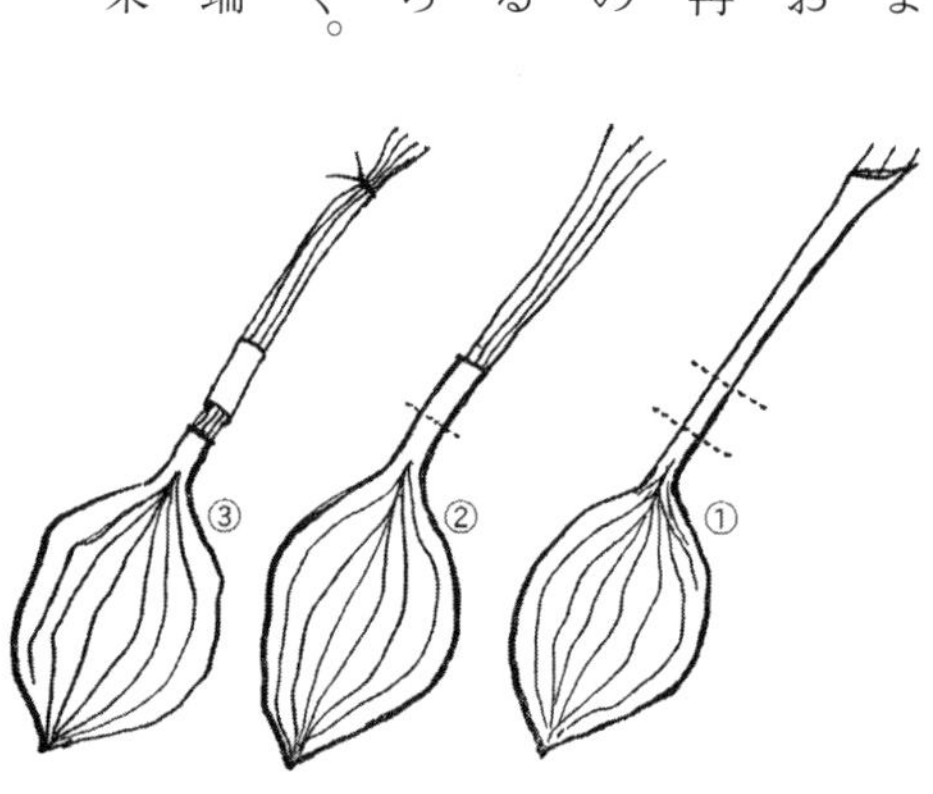

子式）というもので両足を交互に踏みながら織る機織でチャンカラチャンカラとつづけて織る音である。自分たちが着る正月の晴着を織る母親の姿を想い浮べつつのハタオリ遊びは、なおさら楽しいものであった。このハタオリの方法で宮城県の女川町ではシャミという遊びをしたそうだ。それは図のものの下にもう一枚のオオバコをつけて、葉の部分と筋糸と束ねた所を楊枝のようなものでとめると三味線になり、これをペンペンとひく真似をする。

オオバコと子どもたちの生活にふれてきたが、今さら述べるまでもなく、オオバコがいかに子どもの生活史とともに歩んできた草であるか、そして子どもの生活をどれだけ豊かにしてきたかを知ることができる。ところが近年オオバコの生える所がめっきり少なくなり、かつて踏まれても千切られてもオオバコが生きてきた、人々の行き来する農道は簡易アスファルト舗装になり、家の周りは除草剤の薬の匂いが漂うほど、人々は極度に雑草を嫌い、子どもは草を振りむこうともしない。オオバコの安住の地は今やどこにもなくなってしまった。

# ヤエムグラの勲章

たれかさんの頭に
チョンチョリンがとまった
それをおとすと坊主になるよ！

などと小さな木の葉や藁《わら》が髪の毛について気がつかないと、まわりの子どもたちはからかいはやし立てる。からかわれている子どもも、初めは自分でないものと思って、一緒になってはやし立てていると、どうもヘンだな！と気がついて慌てて自分の頭に手をやり、あちこち手さぐりで何かついていないかとさがしだす。するとまわりの子どもたちはいっそう大きな声ではやし立てて、こんどはその子の名前を入れて、

○○ちゃんの頭にチョンチコリンがとまった

とはやし立てる。それでうまく頭のゴミがとれれば、はやし言葉もピタリと止むが、なかなかとれないと泣き出す子もいた。これと同じことでお弁当を食べたのちに、頬や口もとにご飯粒をつけていると、

オベントウツケテドコヘユクノ

とはやし立てる遊びもあるが、どちらも偶然についていたことから生れた遊びで、「知らぬが仏」の者に戒めのようなところがあった。

ところが故意に人の背中につけたり投げつけるたわむれがある。中勘助著『銀の匙』に、

垣根にはえているほうれ草をこっそりとって、
いきなり……おまいにほうれたほうれ草……

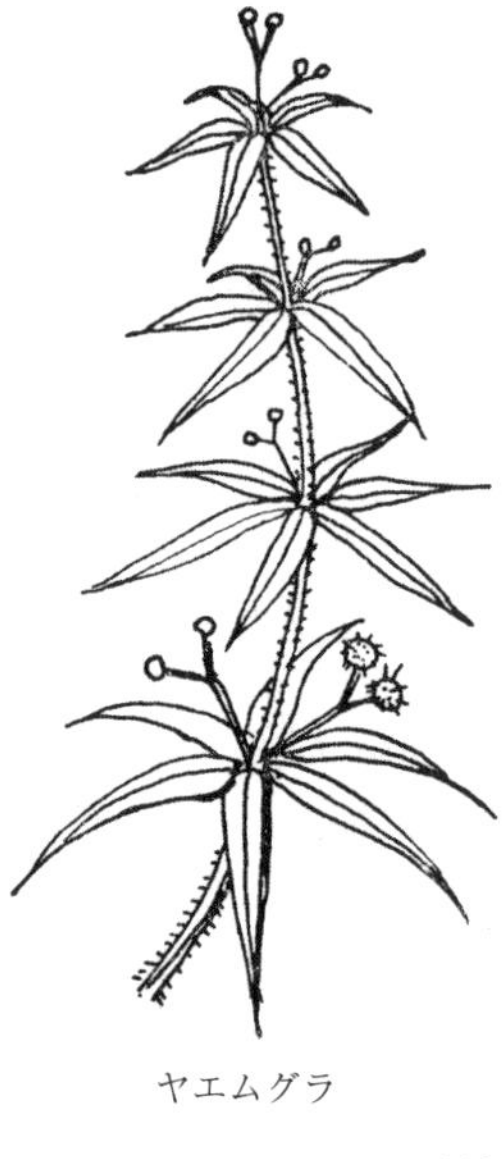
ヤエムグラ

といってぶつけるところがある。このほうれ草は著者の後記の注にあるように、ヤエムグラという草で葉や茎に細かい逆刺がついているから衣服によくくっつく（このたわむれの遊びは他の草のヌスビトノハギやイノコズチ、メナモミなどの種子を投げつけるものがある）。『銀の匙』の中のホーレクサとかホレクサという方言は、岩手県の方言だから、お峰ちゃんの背中にホーレクサを投げつけたいじわるなお国さんは、東北地方に縁《ゆか》りのある子どもだったのかもしない。

### 紋草《もんぐさ》

このヤエムグラを愛知県の知多方面ではモングサという。また群馬県（山田）、岡山県（邑久）、熊本県（玉名）ではモンツキ、伊勢市、岡山ではモンツキクサ、モンモングサなどと名付けている。この紋付とは江戸時代の子どもたちにとって、立身出世のあこがれの象徴だった。それは封建社会にあって、紋付の着物を着ることは晴れがましい時であり、また紋付の着物が着用できることは人の上に立つ役職を表わし、男の出世を意味するものであった。武家の紋、百姓の組紋、町の町紋にいたるまで、紋付の着用は子どものあこがれであったことはいうまでもない。岡山のわらべ唄に、

背にもんもんつけて　お信心なことじゃ

などと、ヤエムグラの葉を着物につけて、冷やかし半分にたわむれるのも、半面には紋付の着物を着てお寺参りができる身分になりたい羨望があったからであろう。

### 勲章草《くんしょうくさ》

明治の維新で時代が変わると、これまでの紋付着物のあこがれは子どもたちの間に消えてしまった。それは武家の低落とともに、町の古着屋には大きな紋章のついた裃やそれから紋付の着物が山と積まれて安く売られていたので、紋付の魅力はすっかり失せてしまったからである。かわって子どもたちのあこがれは、新しい権力者（明治政府）の軍服姿になった。とくに富国強兵策による教育の影響もさることながら、日清日露戦役での輝かし

い武勲の象徴の軍服、そして胸に輝く勲章、その魅力のためどの子もどの子も末は大将になりたいと思っていた。こうした軍人へのあこがれは、やがてヤエムグラの遊びをも変え、紋章草は勲章草になった。

ヤエムグラをクンショウクサと名付けたところをあげると、クンショー（青森、群馬県利根、千葉県山武、山口県玖珂、愛媛県周桑）、クンショークサ（愛知県、新潟県、福井県今立、伊勢市、岡山市、山口県大島、美弥、香川県、高松市、栃木県）、クンショウバナ（盛岡市、山形県庄内、愛媛県周桑、熊本県球磨）など、この他の地方にも勲章草と呼ぶところがたくさんあるはずである。たとえヤエムグラを知らない人でもクンショウクサならだれでも知っている草になった。それほど軍国時代の子どもたちには、兵隊ごっこ遊びに欠かせない勲章の草であった。

着物の左胸にベタベタ張りつけたヤエムグラの葉は、敵をやっつけた武勲のしるしとして、多ければ多いほど英雄気どりで、敵味方に分かれた兵隊ごっこの攻防戦を野や山にくりひろげていた。こうした遊びは大正時代には明治ほどではなかったが、昭和になると再び復活して兵隊ごっこは戦争ごっこになって日華事変が起きるころまで流行した。その後太平洋戦争になるとなぜか衰え敗戦を迎える。

戦後、戦争ごっこは口にすることもはばかられる遊びで、子どもたちの世界から姿を消した。それは明治のはじめに紋付の着物を嫌ったように、もはや軍人へのあこがれもなく軍服は国を亡ぼした象徴として嫌い、かの武勲を表わす勲章は巷の露店で売られるほど完全に低落した。もちろんヤエムグラを勲章と呼ぶことすらなくなってしまった。

さてデモクラシーとか民主主義と叫ばれる戦後の子どもたちにとって、あこがれはどのように変わったのであろうか。それは大衆の人気を集めるスター、野球選手に集中した。ここでヤエムグラは再び子どもの世界に浮上することになる。あらたにワッペンクサとして登場したのだ。しばしばこの草のワッペンは紅白軍に分かれた野球に使用され、三角ベースの打率をヤエムグラの葉を背中につけて表わすほどであった。しかしこのワッペンも本物のワッペンに近いものが再び開店した駄菓子屋で売られ、お菓子の景品としても出回り、しだいに使われることもなくなった。それは子どもの遊び場周辺から昔のような自然がなくなったことにもよる。

現在このヤエムグラをクンショウクサと呼ぶ人たちは大人になり、いやもうおじいさんになってしまい、この草がかつての男の子どもとともに遊ばれたことなど人々の記憶から薄れてきた。その意味でヤエムグラという草は、子ども文化の一ページを飾ったあこがれを綴る草遊びの歴史であったといえるのではないだろうか。

# フジとり

梅雨どきだというのに、珍しく雨も降りやんで薄日がもれるつかの間に、昔から子どもらの世界に、こんな季節遊びがある。

それは花が終わって葉ばかりのびたフジの葉を、子どもたちはたくさん取ってきて、小さい葉をしごいて葉柄をとった。それはフジとり遊びの柄である。

フジとり遊びは、三人か四人が一組となって、葉柄を平等に分けて持つ。それからジャンケンをして順位を決めると、一人ずつ葉柄三〜四本ぐらいゲームの元出に出資する。

そして、集めた元手の葉柄をジャンケンに勝った者がまとめて上から地面に落とす。

地面に落ちた葉柄はいろいろな形となって、折り重なり、しかもどの葉柄もつながっている。よく見ると葉柄と葉柄が重なって大小さまざまな透き間が出来ている。この透き間が大切である。

ジャンケンに勝った者は、自分の葉柄数本を手に持って、この透き間に葉柄の根元からそっと入れる。このとき地面の葉柄に触れてはならない。無事に入ればその入った葉柄の数だけ他の者からもらう、そしてたくさん葉柄をとったものが勝ちである。

フジ
（村越三千男『大植物図鑑』）

このフジとり遊びは面白く、何度も何度も繰り返し遊び続けていると、いつの間にか空が再び曇ってポツリポツリと雨が降ってきて、やっと遊びをやめるほどであった。

そして、たった一本でも他の茎に触れたとか触れないと向きになって争ったにもかかわらず、遊びが終わってしまうと葉柄はみんな捨てていったものである。

# 麦わら籠

くる日も、くる日も雨ばかり降る梅雨期は、子どもたちにとっていやな毎日であった。

それでも町の子どもたちはほかに楽しみがあるからいいものの、農山村の子どもは降り続く野山ばかり見続けて、

お天とうさんは消えちゃったのかな！

と思うほど、毎日雨空をながめてはためいきをついていた。仕方がないから家の中で鬼ごっこしたり、飛んだり、跳ねたりして遊ぶものだから大人たちによく叱られた。いや一日中が叱られっぱなしであった。

それというのも子どもがウルサイばかりでなく、大人たちは雨降り続きで刈りとった麦が、もしや芽を出すのではないかと、イライラ心配だったからである。

こんなとき、手空きになったおばあちゃんや、弟、妹を思って姉ちゃんが、麦わらの穂茎を切り取って麦わら籠や、赤ちゃんのガラガラおもちゃを作ってくれた。

麦わらで作る人形やヘビは、昔は縁日で売る縁起おもちゃだったが、麦わら籠は一見ねじれているのでネジリ

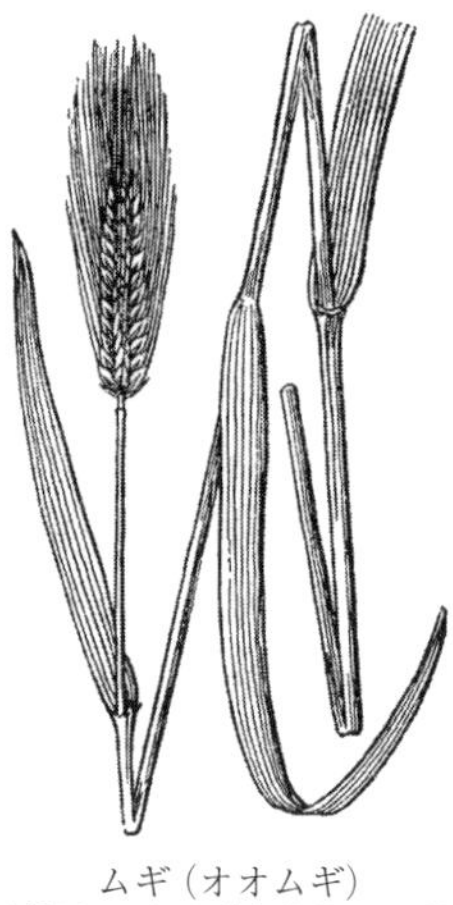

ムギ（オオムギ）
（村越三千男『大植物図鑑』）

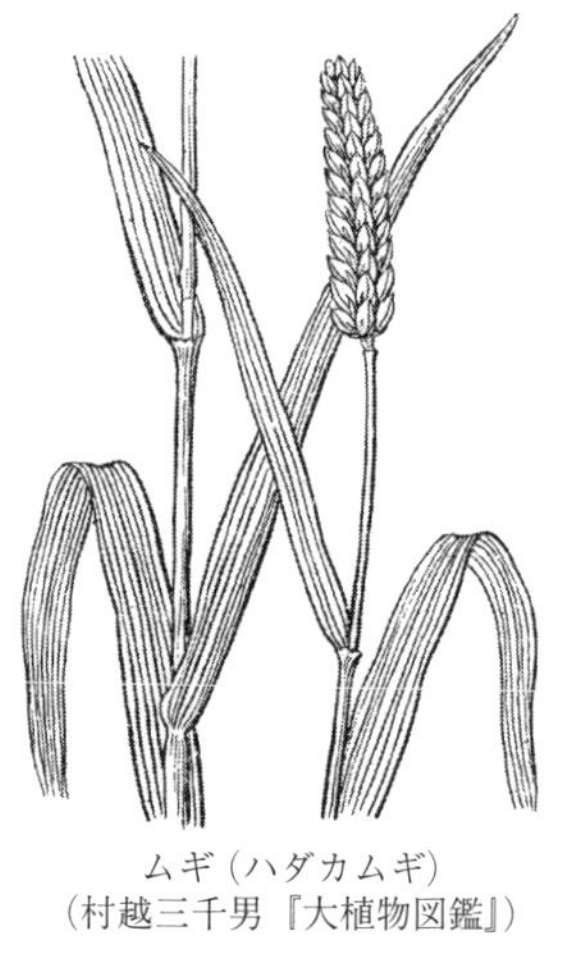

ムギ（ハダカムギ）
（村越三千男『大植物図鑑』）

籠とも呼ばれ、久しい間子どもの手作りおもちゃであった。

これはホタルを入れても下手に作ると粗目で逃げられるものだが、長雨の日に、雨音を聞きながら一本一本手折りながら作るホタルかごは、どんなにか雨のやんだ月夜のホタル狩りを夢みて作ったことであろう。

現在では麦をつくる家も少なくなって、いつの間にか麦わら籠を作ることも忘れるようになった。

# ホタルブクロの風船

　梅雨入りの雨が連日降り続くと、山道の草むらにぽっかりとホタルブクロの花が咲き始める。子どもたちは大人の目をかすめては雨止みのひとときを、外に飛び出し、花を採ってきては遊ぶ。そんな遊びの中にホタルブクロをかくし持ってきては陰で遊ぶものにフーセン遊びがある。それは採ってきた花の中に塩をふりかけて、帯の間にはさみ、すまし顔で他の遊びをして、そのうちに花は塩と体の温かさでしなしなになり、フーセン遊びにころあいの花となる。すると子どもたちは大人の目のとどかないところに集まり、フーセンガムをふくらますようにふくらましごっこをして遊ぶ。

　遊び方は、まず花さきを寄せて指先きでつまみ、花の付根の萼《がく》を取って穴から息を吹きこむとぷくんとふくらむ。子どもたちが息を入れると花袋はピンと張りつめてふくらみ、息を吸いこむと花袋はペコンと引っこんで板のようになる。ただこれだけの遊びだが、ふくらんだり引っこんだりするのが面白い。そして遊んでいるうちに口の中にしょっぱい味がじんわりと伝ってくる。この塩味が空腹どきにはたまらないくらい胃袋を刺激し、唾が出てくる。子どもの中には本格的にホタルブクロの花をたくさん採ってきて、塩漬や梅酢漬に保存して隠しおき、あとで母親に見つかって、塩の無駄使いを叱られたものだ。

ホタルブクロ

**トッカンバナ**

　ふくらましたり引っこんだり、フーセンのように遊ん

で遊びあきてくると、ふくらましたまま人差指と中指にそれをつまみ取り、片手で強くたたきつぶす。すると見事に

トッカン！

と音がする。もう一つには、寄せた方からふくらまし、くちびるにくわえたまま両手でこれを叩きつぶすトッカンもあります。群馬県や埼玉県ではトンカンバナとかトッカンなどとホタルブクロを呼ぶのは、この遊びが子どもたちのあいだで人気があったからである。どちらかというと、フーセン遊びなどをせず、道ばたのホタルブクロの花をつまみとっては、トッカントッカンと、子どもどうし互いに叩き鳴らしながら山の道を下るときに遊んだ。

**男か、女か！**

男か女かというホタルブクロの遊びは、花の雌しべの形で遊ぶ当てっこである。男は雌しべが棒状で、女は棒状の先端が三つに分裂していて、この二つのどちらかを当てるのだ。

まず子どもたちは無差別にぶらりと下った花を摘みとって軽く握り、二人が相対して、……男か、女か！と手の甲を上にして出す。すると一方が少し考えて、エートとかウーンとかいいながら、……女！……という。軽く握った手を開いて花の中をみると二センチぐらいの長い棒雌しべなので、正解は男。もし当てられると、当てられた者は次の花を摘みとって再び握った花を出す。相手が連勝することも稀ではない。そんなときはしゃくだからわざわざ草を分け入って遠くの花をもってくること

もあった。

同じ花の当てっこで、……塩か、味噌か！……という遊びがある。これはホタルブクロの花が終ったものをとり、花の付根のガクを縦に裂いてみると、種が白いのを塩、黄色いのを味噌と分けて、当てっこをする遊びである。

### クマ、クマ

ホタルブクロの花を福島県の相馬ではクマクサと呼び、同じ福島のいわき市や飯館村あたりでは、クマクマとかクマクマバナと呼ぶそうだ（斎藤たま著『野にあそぶ』）。これはよく知られている小昼顔の花遊びのコシコシ、またはコチコチなどと同じ遊びで、花の下に口をよせて、

クーマ　クマクマ

クマ出ろ　アカ出ろ

と声をかけて、中にいる黒虫をさそい出す遊びで、いわき市では「クマヨ、クマヨ」というが、これはホタルブクロの花の中に、ごく小さな二、三ミリほどの黒い虫が雌しべの回りにウロウロしていて、この虫に声をかけながら息を吹きかけると、虫は急に入ってくる温風にびっくりして、慌てふためき花の外に出ようと走り回り、やがて外に一目散に出てくる。そのありさまは子ども心に面白く、花を摘んではクマヨ、クマヨと声をかけて笑い出す。どうしてこんな小さな黒虫をクマと名付けたのかわからないが、たぶん白いホタルブクロを雪穴に見立てて、冬眠中の熊をさそい出すマタギ（猟師）の情景を想像したのであろう。子どもというものは、その強烈な印象をもっともかけ離れた物に連想を託し遊戯化するものだから、慌てふためく虫の動きが、まるで雪原に逃げまどう熊のようにも見えたのだろうか。

# スベリヒユの酔っぱらいごっこ

スベリヒユは庭の隅や路ばたに、ときには畑の日当りのいいところに生える一年草で、たいへん日照りに強い草である。たまご形の葉をつけた茎は根もとから四方に這いひろがり、夏には小さな黄色い花を咲かせる。この草は葉と茎がともに赤紫色のものと、みどり色の二つがあるが、みどり色のものは主に畑の作物のそばに、赤紫色のものは路ばたに、蛸《たこ》のように足をひろげて繁殖する。

## 酔っぱらい草

スベリヒユをヨッパライクサ（群馬）、サケノンベクサとかサケノミクサなどと草の名ともおもわれない呼び方をするところがある。どうしてそろいもそろって呑んだくれの名前がこの草についたのかというと、子どもたちがスベリヒユの草の根を弄んでいて名づけられたものであった。

それは夏の朝など、瓜畑や畑の畔道に生えるスベリヒユを引き抜いてきて、蟬の鳴く涼しい木陰などでよく遊んだものだ。遊び方はスベリヒユを引き抜くと細い白根が地中から出てくるが、その何本にも分れた白根を指に挟んで何度もしごく。するとしだいに白根は赤くなり、さらに休みなくしごくと真赤な色になる。遊びの面白さは白根が赤根に変化するところなのだが、子どもたちは

その変化の面白さを、自分の父親やよその大人たちが酒に酔ってゆく過程を想像したところにこの草遊びのねらいがある。だから遊びの唱えごとも、

ゴンベ　ゴンベ　酒のんで赤くなれ（茨城）

よっぱらいくさ　酔っぱらってみせろ（茨城）

酒のんべ酒のんべ　酒のんでみせろ（福島）

などと、どちらかというと、酒呑みを軽べつしたかのようないい方をして白根をしごき棒でこする。そして赤くなれば子どもたちは、「もう酔っぱらっちゃった」などといいながらしごく手を止め、だれのが一番酔っぱらったか（赤くなったか）比べっこをする。

スベリヒユ

そのときどの子も、お祭りの夜、酔いしれてわめいた大人たちの真赤な顔を思い浮べて、一番赤いものから二升酒、一升酒、七合酒、五合酒と呑んべの番付を決めるのだが、決めてからは、あれほど、精根こめてしごいたスベリヒユをおしげもなくポイとすててしまう。

### 目っぱり

同じスベリヒユの遊びでも、ミミズのような色をした茎をポキンと折って、上瞼《うわまぶた》と下瞼にはさみこんで手をはなすと、目が上に下に突っ張られて目玉が大きくなる。そしてお互い顔を見合せて、普段でないビックリしたような顔になったお互いを見てゲラゲラ笑いだす。この遊びは酔っぱらいごっこするときに、ついでに遊ぶもので、こんな遊びの印象からメッパリ（山口県）、メッツリ（岡山県）、メーハリコンボ（福岡県）などとスベリヒユを呼ぶところがある。

この他に子どもたちが名付けたと思われるスベリヒユの名に、グンバイウチワ（軍配団扇・新潟県）またはハッケヨイクサ（土俵の上で行司が力士にかける声、八《はっ》卦《け》良《よ》い・島根）などがある。これはいずれもスベリヒユの葉の形から軍配を想像したもので、あの小さな葉を親指と人差し指でつまんで、「のこった、のこった」と行司の真似をする。

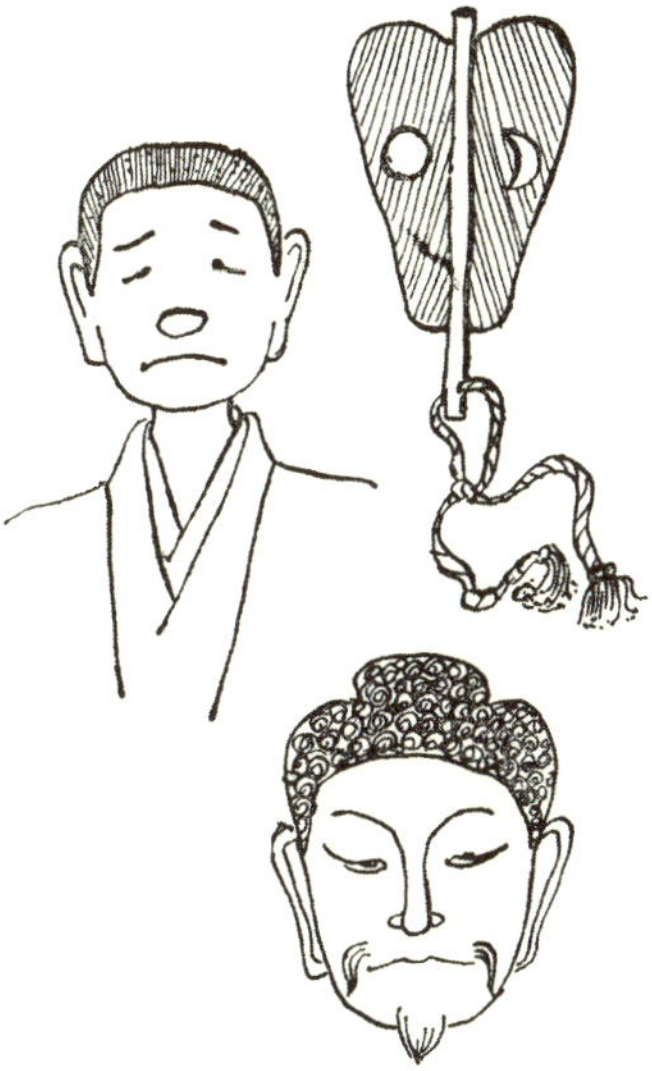

次にホトケミンクサ（仏の耳草）とかボーズミミ（坊主耳・鹿児島）などというところもある。これもスベリヒユの葉の形からの名付けだが、そういわれてみればスベリヒユの葉は多肉性でぼってりしているからお坊さんや阿弥陀さんの耳を連想したのかも知れない。なんといってもお寺さんを中心に名付けがあるところに、この草と子どもの遊び場が目に浮かんでくる。

スベリヒユは現在でもちょっとした都会地の片隅に達者なところを見せているが、市街地は性に合わないらしく、郊外地や農村地帯に這いひろがっている。しかし昔のような元気な姿をなぜか見ることが少なくなった。もちろんこの草にたわむれた子どもたちの姿もどこにもなく、それどころか、この草にさまざまな名をつけたことすらすっかり忘れ去られゆくようである。

# 色水屋さん

夏の朝はすがすがしい。特に庭先の木陰の下は緑がいっぱいで涼しいから、小さな子どもたちは早くからここを占拠して、色水屋さんごっこを始めた。

どこから運んできたのか、子どもたちは空きびんや空きカンなどをたくさん並べて、まず色水作りである。

ツユクサの花を摘みとって絞り出す青い水、インゲンの葉をもんで絞るミドリ水、アサガオのしぼんだ花を集めて紅色とムラサキ色の水、それからヘチマの花やカボチャの花の黄色い水、それからタケニクサの葉茎汁でレモン水、色水の原料はどこにでもたくさんあるから面白い。

でも本当に飲む水でなく、ウソに飲むのだからなんでも色がきれいになれば、色水屋さんが開店できる。

イラッチャイ
イラッチャイ
ツメタイミズデス
キレイナミズデス
一杯五セン
ヤスイデス

子どもたちは大きな声で、縁日のお店屋さんのまねをして開店したが、友達全部が色水屋さんだからお客がいない。仕方がないから夏休みの宿題をしていたお姉さんを呼んできて、お客さんになってもらった。

自然が遊び場の周囲いっぱいにあった昔は、草も木も小石もみんなおもちゃであった。その自然の少ない町の子も、千代紙を水に浸し、色水遊びをして遊んだという。

# ホウセンカの爪紅

縫物の目やすまりや鳳仙花

などと詠まれる庭先のホウセンカは、夏から秋にかけて瑞々しい葉茎に赤や白、絞りなどの花を豊かに咲かせる草花で、むかしはどこの家でも庭や垣根のへりなどに植えて、眺めるのを楽しみにした花であった。また子どもたちにとってこの花は、指先の爪を染めたり、色水を作ったり、実がつけば一触即発、実を弾かせて遊ぶ草花でもあった。

　このごろでは、すっかり園芸種の草花に追われて都会から姿を消したが、それでも農村などでは植えこむ家が多く、庭先に華やかな姿が見られるのは、まだまだ愛着をもつ人々がいるということであろう。というのも一つには、人々の幼きころの想い出の草花であり、どこにでも育つ強い草花だからである。

## 爪紅

　中国では花の形から「鳳仙花」と名付けたが、わが国では花の形から名付けようとはせず、名付けても好意をもつ名前をつけようとはしなかった。それよりも、この花びらを摘みとって爪を紅色に染める遊びに人気があり、ホウセンカの方言名も、ツマベニ（爪紅）、ツマグレ（爪紅）などという名が大半を占めている。もちろん子どもたちの遊びからきた名前だが、さてこの遊びはいつごろから流行《はや》り出したのか、はっきりしていない。あるいは、江戸時代の元禄のころに「爪紅《つまくれない》」といい爪先に紅をさしたという文献があるので、このころを始めとしていいかも知れない。

ホウセンカ

ところが中国では、なんと宋の時代（四二〇〜四七九年）からの風習だそうだ。たいへん古くから女子の間の粧いの風習があったわけである。そして面白いことには、ホウセンカを「指甲草」、「染指草」などと名付けて爪を染めていた。この別名はわが国にホウセンカが入ってきたときにはおそらく紹介されなかったのではないだろうか。「鳳仙花」という表向きのありがたい名ばかり強調されたせいかも知れない。また当時の交易の上からは、草花の種子の売りこみにかかわるために別名はかくされたのであろう。

さて詮索ついでに、爪を紅に染めることを中国はどこの国から伝えられたかというと、どうも熱い国、イスラム教徒の女性から教わったのではないかといわれている。もともとは魔除けのためとか、蛇に嚙まれたり巻きつけられないために、かつては大人たちが真面目に手足の爪を染めたのが始まりだという。それがいつのまにか女の粧いとなり、子どもの遊びとなった。考えてみると、ホウセンカの原産地と爪を紅く染める風習の源は同一で、ホウセンカと爪紅の風習はペアで中国に渡り、やがて変則であったが日本に伝えられたというわけである。その伝わり方は、爪紅の方は沖縄、九州南端あたりで早くから遊ばれているので先達の地であろう。それは民謡や童唄に、爪を染めるホウセンカの方言名がうたいこまれていることからも知ることができる。

## 爪の染め方

ホウセンカの花を摘みとって、それにカタバミの葉をまぜ合せよくもんでから搗《つ》く。どろどろになったものを爪の上にのせ、そしてその上に細葉の草で包んで結びつけておくと、翌日にはきれいに染っている。これはホウセンカの花のアントシアンとカタバミの蓚酸《しゅうさん》がよくなじむせいである。よく花だけをもんで染めると書かれたものがあるが、花だけでは発色はしない。

熊本の人吉では、ホウセンカの花びらにカタバミの葉を少々入れて、さらにアカネの根を石でたたき、塩とドンスをまぜたものが一番よく染ったという話である。と

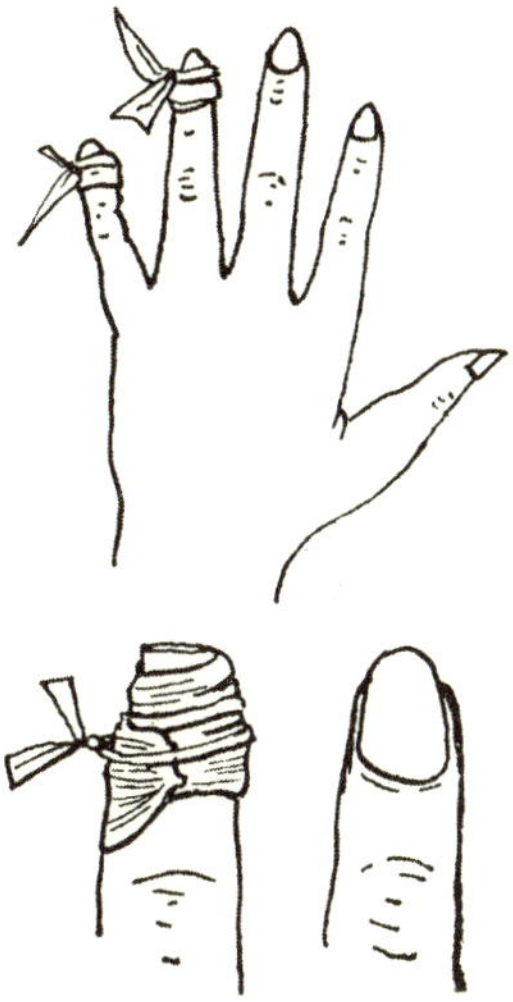

ころによってはただの塩をまぜただけで染めるそうだが、その場合は数回染めないと色よく染らない。中国ではカタバミの葉でなく明礬《みょうばん》を搗きまぜて、ぐちゃぐちゃにしたものを爪の甲にのせて、布を巻きつけておくそうだ。そして翌日になると新しいものに取り換えて再び布で巻きつけて、これを二、三日も操返すと、爪は深紅色に染る。その紅色の鮮やかさは骨まで染ったかのようになるので、ホウセンカを透骨草というところさえあるそうだ。それほどまでによく染った爪は色褪せしにくく、その色は一年間も保つそうである。

　次に染める指のことだが、熊本では主に小指を染めることが多いようだ。ときには薬指、中指まで染める子どももいたが、親指と人差指だけはどこへ行っても染める子はいなかった。なぜ染めないのか不思議ではあるが、憶則の話ばかりでその理由となる手掛りはつかめなかった。あるいは小指以外の指でなにかの願いごとのために、めったなことでは染めてはならない指があるのかも知れない。また哀れな親のない子は、再び不幸が訪れないように、染めてはならないという指があるという話も聞いた。これは朝鮮の友人が語ってくれたことだが、国は異なっても爪を彩る行為には、女の幸せを切実に願うものがあるという。

## トビシャゴ

　女の子が花びらを搗き弄ぶ遊びに対して、男の子のホウセンカ遊びは、いたずら遊びである。それはブラリとさがった小鳥の頭のような形の毛におおわれた実莢に触れると、ひとりでに割れて種を弾き飛ばし、実莢はこぶしに握った手のように丸まる。子どもたちはこのありさまが面白く、たくさんの実莢がぶらさがる茎もとから、

次、次と触れ登って弾かせてしまう。終いには、まだ若くて弾く力ができていない実莢まで、男の子は残酷にも爪で傷をつけて白い種を掻き出すから、先に弾けた実莢はこぶしを握り怒りをこめたかのように見える。それにしてもこんなに慌てて、ひとりでに弾かなくてもよさそうに思うが、それもこれも持って生れた草の性《さが》というか、鳳凰《ほうおう》の雄「鳳《おおとり》」の名にふさわしくないカンシャクもちの草である。彼の国（中国）でも鳳仙花と、もったいつけた名をつけながら、その裏には「急性子」と過激分子のような異名があるほどだから、表向きの名ばかりでは草の特質がわからないものである。

わが国ではこんな草の性質を名付けて、オコリバナ（怒り花・京都）というところがある。これは子どもたちがつけたもので、触れば弾く実を、

「どうしてそんなにおこるの、おこりんぼう！　ね」

と問いかけるような名前で、いかにも子どもらしい名付けである。また東北の角館（秋田）にコシヤギトンコという名がある。これは腹を立てることを方言でゴセヤクというのだそうで、早口に「怒って飛ぶ者」と呼ぶ名である。やはり子どもの名付けで、京《きょう》と東北《みちのく》とにかけはなれても、草によせる子どもごころには変わりないものだ。

この他に飛び草という名を出発点にトビシャク、トビジャなどという名前が九州一円にある。この名はただ実莢が弾けるという特徴を命名しただけである。

# チカラシバの草遊び

チカラシバという草は、オオバコと同じように道ばたに生える草で、人や車に踏みつけられても水分の少ない草だから一つもいたまない。それどころか踏まれると反対に鍛えられるのでますます丈夫に育ち、鹿児島や熊本では、この草に馬を繫《つな》ぐことから、コマツナギなどと呼んでいたそうだ。だから一人や二人では抜けないのでチカラシバと名付けたのであろう。千葉県などでは、それよりもさらに強いから、人間並でないと鬼の名をつけてオニシバと呼んでいる。それほど強い草だから、灼熱の夏には葉が暑さでちぢれてしまっても、苦しみをのりこえて、秋には葉の間から直立した茎がのび、その先に長さ二〇センチにわたって紫黒色の剛毛の穂ができる。この剛毛は長さ三センチの毛が密集した草穂で、まるでビン洗いのブラシのように見える。

## 水玉すもう

すがすがしい初秋の朝、学校に出かける農村の子どもたちは、野原の道を歩きながらチカラシバの水玉すもうをよくやった。だれかが、

水玉すもうをやろう

といい出すと、道ばたの露を含んだチカラシバの穂をそれぞれが親指を地面にむけて握る。その場合なるべく朝の太陽にキラキラと露が光る穂でないと負けてしまうの

チカラシバ

で、子どもたちは慎重に吟味して選ぶ。握った先に少し穂先を出して上に扱《しご》くと、大きな露の玉が、穂毛先にでてくる。そして、その水玉を友だちどうし互いに寄せあうと、大きな水玉は小さな水玉を吸ってしまう。ただこれだけの遊びなのだが、相手の水玉がスーッと消えるのがたまらなくうれしいものであった。そして負けた者も勝った者も、握った穂毛を空中に投げてしまう。このときに天気占いをやることもあるが、朝の穂はぬれているので面白くない。こんな遊びをしながら学校に行くのは長野県の子どもたちで、チカラシバをスモウトリクサと名付けている。

## お天気占い

チカラシバを一名テンキクサ（天気草・高知県）というところがある。もちろん子どもたちの遊びからつけた草の名前である。

先のスモウトリクサは、朝学校へ行く途中の遊びだが、お天気占いの遊びは下校のときの夕方の遊びである。どちらも道草を食いながらののんびりとしたもので、遊び方はスモウトリと同じように穂毛を握って上にしごく。と髪の毛のように握った手の中にたくさん穂毛が集まる。それを空に向って投げあげながら、

明日《あした》天気になーれ

と唱える。空中に飛んだチカラシバの剛毛がパラパラと四散すれば、明日は天気になり、その反対にいくつかにかたまって落ちると雨となる。こんな天気占いをやっていて、なかなか天気にならないことがたびたびある。それは穂がしめっているときなので、パラパラと散らないからである。

この天気占いは意外に当たった。そして

明日は雨か！

などといいながら、子どもたちはしめった穂毛を鼻の下に唾《つば》で貼りつけて、チャップリンや高瀬実乗という喜劇役者の真似をしたり、シャツの前釦《まえぼたん》をはずして、胸に穂毛を貼りつけて、ゲラゲラ笑い転げた。

**競馬ごっこ**

チカラシバの穂毛を切りとり、横にすると毛がたくさんあるために、前後にゆらゆらと動き、毛虫のように見える。この遊びはエノコログサでは毛虫の競走というが、チカラシバは大きいので競馬ごっこという（「エノコログサの草穂遊び」の項参照）。遊ぶところは学校の片隅のコンクリートの上とか、家に帰っては縁側で遊ぶ。まず穂毛を二、三頭並べて、ムチは同じく穂毛の先わずかに残したものを使用する。ヨーイ・ドンで横たわった穂毛の尻をムチで突くのだが、なかなか真っ直ぐ走らない。強く突くとヘソ曲りの馬は横へ走り、軽く突くと進んだと思うと逆戻り、なかには息を吹きかける子もいるが、息を吹きかけると失格となってしまう。なんやかやと騒ぎながらゴールめざして穂毛を追いこみ、一着二着半馬身の差などと遊ぶ。

**草結び**（いたずら）

チカラシバといえば、ワンパクな子どもらの仕掛ける草結びはあまりにも有名な話である。このいたずらは、道の真中に生えるチカラシバの葉を左右から束ね持ってきて、これを結んでおく。なにも知らないでこの道を歩いてきた人は、この結び草に足をとられて路上に転げてしまう。ただこれだけの目的のために結び目が見えないように工夫したり、いろいろなカムフラージュをするが、転んだ人にとってはとんでもないことで、この悪質ないたずらにカンカンになって怒りだす。なにしろ不特定多数でだれが引っかかるかわからないからこまる。ときには村の老人がこの草結びに引っかかり、転んで入歯が飛んでさがすのに大変だったとか、下肥の桶を担いできて転び、あたり一面が黄金水だらけになったりしたものである。ときには運わるく学校の校長先生が急ぐあまり、近道をしてこの草結びに引っかかってしまった。とくにそのときの仕掛けは、転んで倒れそうな所に野糞《のぐそ》を移し置くという「特別製」であった。校長先生は痛い膝を撫でるどころか、臭いのがたまらず「臭い臭い」と野糞のついた洋服を脱ぎながら、カンカンになってしまった。サァー大変なことになった。翌日の朝礼の訓話に金縁メガネの校長は悪質いたずらと、今にも生徒に飛びかからんばかりであった。さっそく地域のＰＴＡ（昔は後援会）との連絡、もちろん地域のワンパク、とくにガキ大将がこっぴどく叱られたことはいうまでもない。しかし叱った大人たちも、陰では、

昔はよくやったものだ……

と元気のいい子どもたちを大目《おおめ》に見てくれたのだが、母親は絶対にゆるさないと息まいていた。

遠い昔の出来ごとも今は想い出ばかりのチカラシバだが、それでも山村の山道に変わらずチカラシバが生い繁るのを発見すると、おもわず紫黒い穂を結びたいという衝動に駆られる。

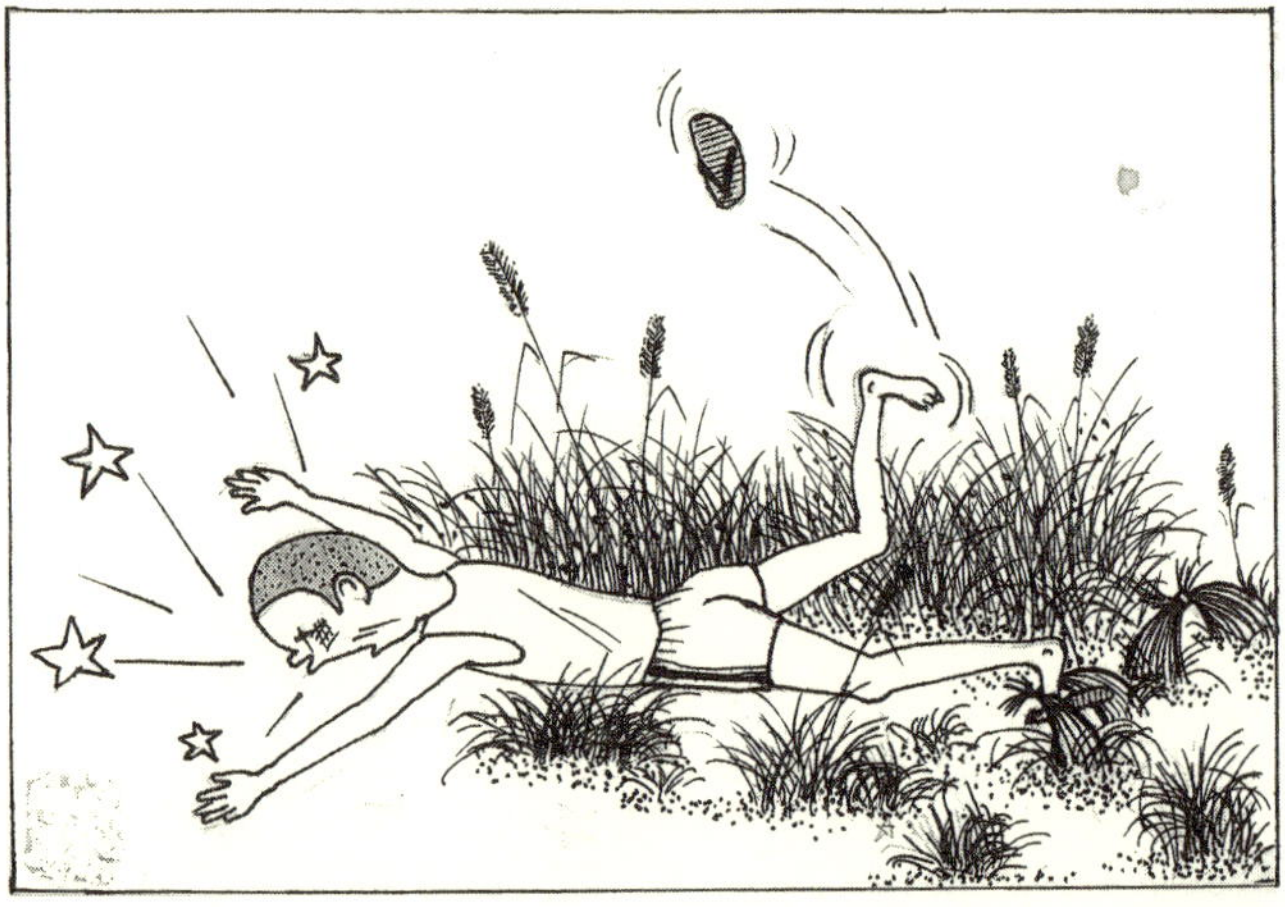

# エノコログサの草穂遊び

夏から秋にかけて野原や道端などに生える雑草のエノコログサは、古くから子どもたちに親しまれた草で、とくに剛毛の円柱の垂れ穂はイヌの子のように可愛いから、エノコログサと名付けられた。昔はエヌノコといっていたものが、のちに「エノコ」になり、方言にイヌグサ（大阪）、エノコグサ（岩手、千葉）などがある。さらにこの語にコロがついて、イヌコログサ（長野）、イヌコロコロ（長崎、佐賀）という所もある。

何故こんなふうになるかというと、コロまたはコロコロを、イヌの子を呼びよせる言葉と、イヌの子の名称である方言の地方が多いからだろう。こころみにこの方言の意からみると、イヌイヌの子草ということになる。また同じような方言で、トートーとイヌを呼ぶことから（ニワトリの地方もある）イヌの名になり、エノコログサをトートーグサ（広島）、トートコ（岡山県邑久）、トトコクサ（山口）などという所もある。コロ、コロコロもトートー、トトのどちらも、幼児語のイヌを呼ぶ言葉から名付けたものであろう。

ところが関東一円の多くは、この草をネコジャラシといっており、新潟と愛知ではネコシャラカシ、ネコソバイ、富山ではネコダマシという。どの方言も、この草の穂で板の間などの上でネコをからかい、じゃれつかせるためこの名がある。私などはネコをじゃらすどころか、友達の襟首をくすぐったり、女の子に毛虫だといってい

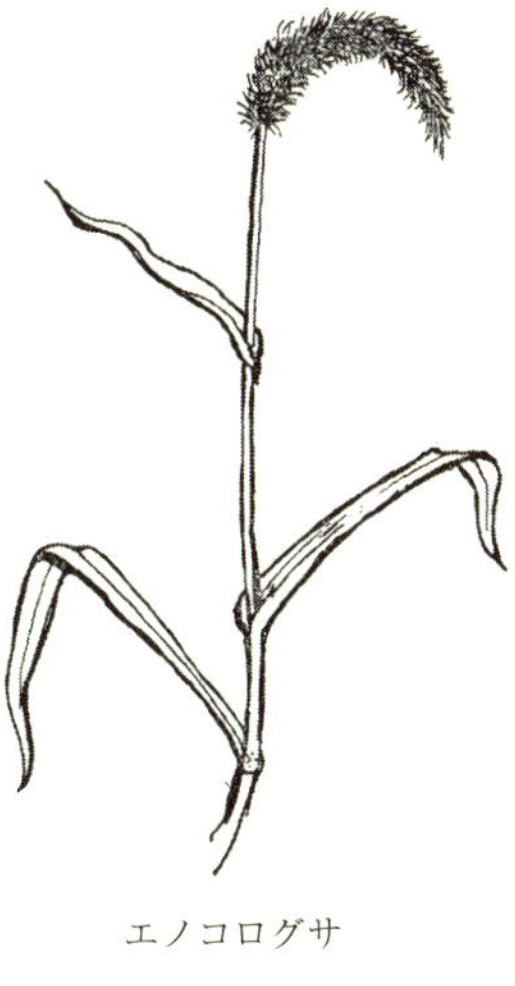

エノコログサ

たずらをしたものだが、こんないたずらも草の名になるらしく、エノコログサをケムシ（和歌山）という所さえある。またこの草で沢蟹《さわがに》を釣ることからカニグサ、ガニクサ（山口）、カニを釣る時カニが穂にじゃれるからカニソバエ（小倉）という所がある。かと思うと、カイルトトラ（京都）などと、一説には元禄時代のころから子どもたちがこの草でカエルを釣ったそうである。

## ヒゲクサ

エノコログサを岡山県の子どもたちはヒゲクサといった。なぜヒゲクサなのか、それはエノコログサの穂を千切って鼻の下につけるからヒゲクサなのだが、これでは落ちてしまう。ところが都合よく出来ているもので、図のように穂の芯の茎を左右に二つに割って引きさくと、さかれた茎の内側は粘り気があって、そのまま鼻の下に押しつけると、ついたまま離れなくなる。

子どもたちは野原でさんざん遊んだ帰り道、ヒゲごっこをしながらだれが一番長く鼻の下についていたか競争して歩いた。

私なども、幼いころエノコログサでひげ競べをして遊んだことがある。昭和の初期で、子どもたちの間に戦さごっこがやたらとはやったころである。シノダケに、八番線の針金を刀身に仕込んだサーベルを作った。学校が終わると、そんな「武器」をもって田んぼに集まり、戦争の真似をしてドンドンパチパチと口で叫び、わら束の山の天王山で白兵戦を演じ、休戦となった。その時である。だれかが秋祭りの余興で見た芸人の百相面を真似て、エノコログサの種茎を二つに割って鼻の下に付けた。そして、

「オレは乃木大将ダゾ！」

とみんなに見せると、そのおかしさったらたまらないほどで、やがてわれもわれもと、チカラシバの穂やエノコ

ログサを千切っては鼻の下に付けて笑いこけた。

いつでもそうだが、だれが一番長くつけ放し出来るか、という競争を発案した。それからガキ大将の定ちゃんの号令で、ひげをつけたままアゼ道に並んだ。

用意ドン！

全員ひげを落とすまいとソロソロ歩き、途中で落としたものはその場にストップ、一番遠くまでひげを付けて歩けた子が勝ちというわけである。ところが何と、いつも鼻の下がぬれている車屋の明が一番遠くまでいった。みんなくやしがったが、

「ノリつきじゃあかなわねえ！」

とゲラゲラ笑った。

## カニ釣り

秋になってイナゴが田んぼを飛び交うころになると、子どもたちは手づかみでイナゴをとって、エノコログサの穂茎でイナゴを刺し連ねて持ち帰る。同じ方法でコオロギを捕えると、コオロギの首のところに穂茎を刺し通すので、エノコログサをコオロギクサ（長野県須賀川）というところがあるくらいだ。そんなに強い穂茎でもないのに、一番手軽に身辺に生えているから便利さで使われるのであろう。それは下茎に葉もなく、細長いから虫を刺し通すのに都合がよいし、または穂茎が釣竿と釣糸をかね、カニ釣りなどの遊びに興じることが出来るからでもある。そんなことからカニソバエとかカニクサ（山口市）などと、子どもたちは遊びからすぐ草の名を変えてしまう。

この他にエノコログサの草穂が、猫の尾に似ているところから、ネコノシッポクサ（佐賀県）、タヌキノシッポ

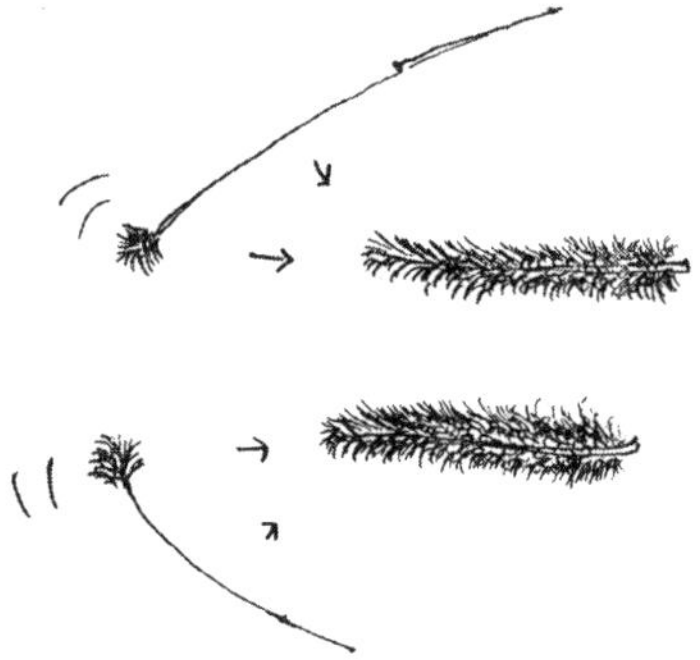

（熊本県人吉）、インノシリボ（熊本県）などという。長野県南木曾ではエノコログサのことを小さい毛虫といい、大きい毛虫はチカラシバのことをいうのだそうだ。もちろんこの草穂の剛毛の部分を切りとった形からの区別なのだが、遊びとなると毛虫から馬に変化して、この穂を並べて競馬ごっこをする。

## 毛虫の競争

まず切りとった草穂の毛虫を一列に並べてから、それぞれがもう一本の穂茎を切って穂先をすこしのこしてムチをつくる（図参照）。そして毛虫の尻を少しずつたたくとツツーツーと進む。これはチカラシバの競馬ごっことまったく同じである。

## 毛虫ごっこ

もう一つの毛虫とは草穂をつけたまま、出来るだけ穂茎を長くとるために、白っぽい茎もとから引き抜く。そして友だちの後へそっと近寄り、襟元に草穂をそっと差し入れる。友だちはびっくりして大声を張りあげて首を引っこめる。こうしたいたずら遊びから、エノコログサをケムシと名づけたところもある（和歌山県伊都、那賀）。

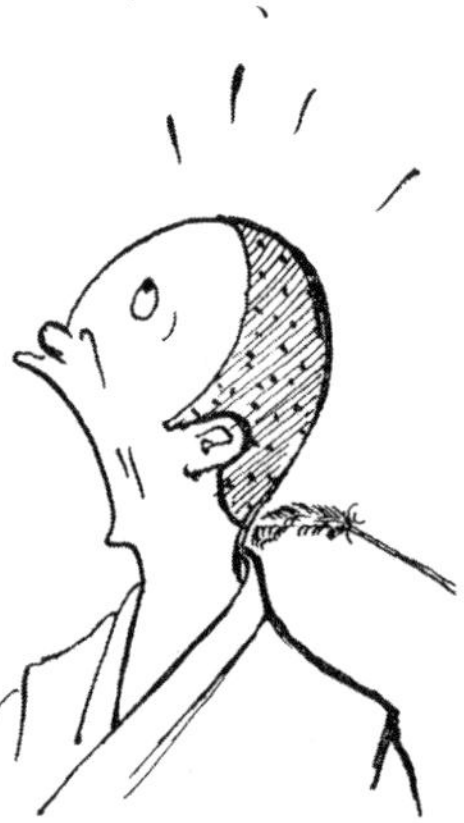

エノコログサはわずかな自然の残る所にも生え、いつも子どもたちに向かっておいでおいでと招いているように穂が揺らぐ。私は毎年、この穂茎を採り集め、赤毛糸で結んで飾る。そして時おりは鼻下につけては妻に向かっておどけることもある。童心は死ぬまで去らぬようである。

# ヒバリの子

店舗《みせ》商《あきな》いをする父が大病を患って寝たきりになると、小学生の兄と私は晦日に父の代理で掛けとりに出かけることがしばらく続いた。ある日学校から帰るなり、父のいいつけで、なかなか商品の代金を支払わぬ家に催促に出かけると、その家の奥で

「なにヒバリの子がきたのか」

という声がした。ヒバリ呼ばわりされた兄と私は顔を見合わせて、

「ろくにしゃべらないのにヒバリとはひどいな……」

と思いながらも、何故ヒバリなのか不思議でならなかった。

後年ヒバリが度々訪れる年齢になって、初めてヒバリとは借金とりの異名で、ヒバリと借金とりの民話からのものであることを知った。だが何故ヒバリが金貸しで借金をとり立てる理由があるのか？　一つにはこの鳥の囀き声にあるらしい。

秋田県角館の民俗資料に、

——昔、お天道様が地上に住んでいたころに、ヒバリがお金を貸した。後にお天道様が出世して天に昇ってしまったので、ヒバリは催促しに天へ昇っていくと、元金だけは返すといわれて、リートルリートル（利息をとる）といいながら下りてくる——

という話である。

ところによってはヒバリが天に昇る時は

「天道様有りがたい、天道様有りがたい」

と啼いて、下りる時は

「天道様糞くえ、天道様糞くえ」

と啼くというが、八戸では天道様でなく鶉《うずら》に対し借金をとり立てて

「トテカバトテケ、借金ゼニシアへ」

と催促すると、鶉は
「クルシ、トテクハエ」
と啼くという。
また岩手では鶉に
「質トル妻トル子トル」
と啼くそうである。さらに静岡ではヒバリはもと博奕打ちだったが、日に一歩ずつ儲けたいと計画していたが、負けてばかりいるので鳥になった。それで日一歩日一歩と啼くそうである。
このようにヒバリの啼き声は高利貸が無慈悲にとり立てわめく声に似ているために、これを聞く大人たちは小作料や借金をとり立てる地主を想像してハラハラしたのであろう。こんな親たちの心情を察したのだろうか子どもたちはヒバリを見るとムラムラと腹が立ち、これを引っ捕えようとした。
ヒバリ　ヒバリ　子をとるぞ　子をとるぞ
子が欲しけりゃ　飛んでこい（埼玉）
などと麦畑の中に立って、空中で翼をはげしく羽搏《はばた》きながら啼くヒバリを、おどかして呼びもどそうと大声で叫んだ。やがてヒバリは雲切りの飛行から下りて畑の彼方に舞い下りると、子どもたちは下りた方向を見定めて、「それッ！」とばかり両手を上げて走った。それは手を下げて走ると麦穂を傷めたり手に当たって痛いからである。
そして時には夢中になって走るものだから、昼寝の蛇を踏んづけることもしばしばあった。そしてやっとヒバリが下りた所にきて巣をさがしたが巣はどこにもなく、ポケーッと戸惑っていると、あざけるように、ヒバリがチチーチチーと啼きながら低空で飛び去ることもあった。
そこはヒバリである。かれらは愛の巣に直接下りることは絶対にしないからである。ところがこんなヒバリの浅知恵も、翻弄される小さい子とちがってガキ大将には通用しなかった。
それはヒバリが下りてからしばらくたって、そっと近寄って突然、「バカッー」とか「キャッー」とか大きな声を張り上げると、ヒバリはびっくりして飛び立つ、その飛び立った所に巣があるのである。そして忘れぬうちにその個所に走って見ると、麦の根際に枯草を椀型にした巣を見つけることが出来た。巣の中に白灰色地に斑点のある卵が三つ四つある場合は、見て見ぬふりをして、「オレ見ないよ!」とソッポ向いて、あとでヒナになってから獲った。

だが麦色の毛を生やしたヒナがいると、ホラホラヨシヨシなんていいながら抱いて帰った。そしてみんなで作った鳥箱に入れて地グモなどを捕えて餌にして育てたが、私の記憶では学校と遊びに夢中になるとすっかりヒバリの子を忘れて満足に育ったことはまれであった。だから母に生きものを育てられないなら捕るなとよくいわれた。

このごろは麦畑も少なく、ヒバリもヒバリを追う子らの姿も見ることがない。ましてや借金とりをヒバリと呼ぶこともなく、晦日に書付け(請求書)をもって晦日払いの掛けとり(集金)に歩く人の姿も昔の話となった。

# ケラ遊び

かつて、父親の小言《こごと》に「ケラの水泳ぎ」という言葉があった。それは物事を中途で止めてしまう性癖に対する小言だが、叱られた子どももその一言がバカとかトンマなどといわれるよりも痛い言葉であった。それというのも、子どもたちが自然の中で遊びたわむれている所には、ケラが至るところに出没し、その間抜けぶりを知っていたから、虫ケラ呼ばわりされたことが強く胸を突き刺すものがあった。

ケラの水泳ぎとは『物類称呼《ぶつるいしょうこ》』（安永四年刊）にケラの五技として、

「よく飛べども屋上に上る事あたはず、よく上れども木をきはむる事あたはず、よく泳げども谷を渡る事あたはず、よく穴をうがてども身をおほふ事あたはず、よく走れども人に先だつことあたはず。これケラ才といひて、実なき人のたとへ也」

とある。これは古代中国の沢《きょう》という儒者の『荀子《じゅんし》』という書物の引用だが、私の父なども何処で覚えたのかよく小言に引用した。

とくに私が人真似をして同じ物を作ろうとすると、

「ケラの水泳ぎが始まった」

といった。そして道具や材料ばかり集めて思考していると、

「貧乏鋳掛《いかけ》屋が吊鐘《つりがね》をたのまれたようだ」

と笑った。そんなクレームを付けられると、不思議と賞讃に価するものが出来なかったり、成し遂げることをせず、あきてしまうことが多かった。父親というものは、わが子の力量と性質を、とりかかろうとする対象物と比べて、出来るか出来ないかを読みとっていたのかも知れない。

こうした性情をケラ才というのも、表向きの容姿や仕

草がそれらしく見えても、中身がともなわぬことからで、財布が空になるとオケラになったというのも、こんなことから使われるようになったのであろう。螻蛄《けら》はケラ科の昆虫で、虫にはめずらしく丁寧語の「お」がつけられて一般に呼ばれている。だがそんなに丁寧に呼ばれても、すみかは田んぼのすみや溝のへりなどのジメジメした日陰に好んで棲息しているから、ケラを「うじやこい虫」(東京)などと陰口をきかれるのだろう。

ところが、初夏の夕暮れごろそのジメジメした所からケラがジイージイーと柄にもないさびしい声で鳴くので、昔はミミズの歌姫が鳴いていると信じていたらしく、江戸時代にはケラだミミズだという論争があったくらいである。

私なども、ひところはミミズとばかり思っていたが、学校であれはケラの鳴声と教えられると、夜になって灯が恋しくなって飛んできたケラを、なぜか殺す気も失くなり、せわしく走り回るケラを座敷箒《ほうき》で追い出した。ところが昼間など田んぼや溝のへりで草を抜いた時など、ケラが飛び出ると、すっかり夜のことなんか忘れて、ケラを捕えてたわむれた。

おケラさん　おケラさん
おまえのお椀どのくらい
おまえの茶碗どのくらい　(東京)

子どもたちは、歌姫どころか褐色の裸身にチャンチャンコを着たユーモラスなケラの背を摘んで問いかけた。するとモグラのような前肢をしきりに開いたり閉じたりして、大きさを表現しているように見えた。

ところによっては物の大きさよりも、その動作が台所で茶碗を洗うようだから、ホトケノチャワンアライ(仏壇の茶碗)、ゴキアライ(飯器)などとケラを呼ぶ地方がある。

しかし、このケラの子どもの遊びは、お椀、たらい、茶碗の大きさを問うものや、旦那の肝っ玉、きん玉の大きさをケラに判定してもらうものが多い。私の幼いころは、女の子はお椀とか茶碗だが、男の子は友達のチンポコのくらい、などといっては、

「アレ新ちゃんのはウマ並みに大きく開いたゾ！」

というと、新ちゃんは私に向かって、

「お前《めえ》のはネコ並みに小っちぇや」

などと、ケラの前肢の開け幅で評価して笑いこけた。そしてさんざんに弄《もてあそ》んでポイっと川に放り出した。水に落ちたケラは、せわしく泳いで川の中ほどに出て再びもどってきた。

お前のやることは「ケラの水泳ぎ」と父親のいう小言は、こうした遊びの中でケラの生態を知り尽くしているから、この一言は如何に痛い言葉であったか、身にしみる思いである。今頃になって、こうした幼きころの自然の遊びの中に、人間形成期において自然が与える教訓が如何に大切であるかを知るのだが、それは図鑑や学校にない膚で知る人間教育であった。

# ヘビ・マムシ

蛇《へび》も　蝮《まむし》も　どうけどけ
おれは鍛冶《かじ》屋の　こせがれだ
槍《やり》も刀も　持っているぞ
首を出しゃ　ちょん切るぞ（東京）

梅雨明けのころ、一皮脱いでヌメリとした青大将に道で出会うと、こんな呪文《じゅもん》をブツブツとなえてヘビの立ち去るのを待ったのは、子どもが一人か二人で怖くてたまらぬときである。

ところが年長の子が交じっていて大勢の子ども仲間でヘビに出合うと、

「やっちゃい、やっちゃい」

といって、だれもがヘビをねらって投石し、ヘビの腹を空にさらして道におき、

「あすは雨になるぞ！」

と笑いこけた。

ましてやカエルを半分のみかけたヘビを見ると、カエルに珍しくも同情してか、めちゃくちゃにたたき、ヘビの腹を逆なでにして押し上げてカエルを助けようとした。なんとカエルを主食にするのはヤマカガシやシマヘビであるから、すきをみて猛然とかま首をもたげて追ってくる。それはそれは怖いもので、忘れかけた呪文を大いそぎでだれもがとなえて、じりじりしりごみをしたものである。

ヤマカガシ
（日本動物研究学会編
『全動物図鑑』）

シマヘビ
（日本動物研究学会編
『全動物図鑑』）

考えてみると鍛治屋のこせがれだと、ヘビをペテンにかけるが、はたしてヘビに通じたものかどうかわからぬが、こんな呪文も東西の子どもらに共通らしい。

東北の子どもは

かじどの火ばし真っ赤に燃えて、

ヘビの口さじりじり

といい、大阪の子どもらは

ヘビよ、はめよなたがま持ってるぞ

と呪文をとなえるという。いずこの子どもたちもヘビは怖くてたまらなかったものである。

# ヤス突き

集中豪雨で川の水がはんらんしたが、濁流もいつのまにか梅雨明けの空のように、すっかり青く澄みきった。ことしはこの雨で梅雨は終わりだそうな、もうすっかり夏である。

こんなに暑くなったというのに、まだ学校は夏休みになっていないので、学校帰りの子どもたちは汗びっしょり。

「早く休みになればいいな！」

とだれもが思いながら川岸を歩いた。そして水泳ぎ、魚とりなど、

「一日中川の水に浸っていたい」

と思った。

このころである。二、三日前の激流で川草や泥がすっかり洗い流された川底に、魚の群れ泳ぐ姿をはっきりと子どもたちが見取ったからたまらない。だれもが夏休みまで禁泳であっても魚とりの名目で川に繰り出した。

深さ一メートル足らずの川水は、やはりヤスで魚を突き刺すのが一番である。初め岸辺から身を乗り出して魚をねらい突いたが、うまくいかない。

とうとう思いきって川の中に赤ふんどしを締めて、ザンブと飛び込んだ。そして流れにさからってそろそろと進むと、いるいる。リーダーの大きいのから小さいのまで六〇匹あまり、群れをなして泳いでいる。みんなウグイだ。胸がドキドキ鳴った最初の一突きから、だんだん突き慣れて魚に命中するようになると、それからはもう夢中で魚を追いかけた。

このヤス突きのヤスは、のちに自動車のタイヤのチューブを輪切りにしたものをつけたスピードのあるヤスになり、やがて同じゴムの力で突き出る水中銃へと開発、

発展した。かつての男の子の魚突き技術と道具の研究は、この水中銃をもって終わった。

# 釣り

三日も雨が降り続いて、やっと薄日が差す空もようになったが、まだ川の水はどこへいっても濁っていていかにもたくさん魚が泳いでいるかのようである。

ましてや川べりのあちこちに生えている長い髪の毛のような雑草が、流れに揺らいでいるのを見ると、子どもたちは大きな魚が息をころしてひそんでいる予感がして、早く捕りたくてたまらない。

たまらないからお使いに出かけた途中でも、学校帰りで宿題がたくさんあっても、夢中で一目散に家にとんで帰り、どの子も釣り竿やたもあみをかざして家を出た。

いうまでもない、川べりにみんなが一列に並んだ。

えさは途中でミミズを捕って空きかんに入れてバケツの中におさめた。

釣り竿は竹やぶで切り取った手製のものだ。それから駄菓子屋で買った糸と針をつけ、白い浮きだけはキリダンス屋の木くずで作ったものである。

どの子もどの子も、自分で作った釣り道具で、胸を張って川に糸をたれ、魚のかかるまでみんな黙っていた。そして時々ため息をフーとはく子や、あくびをする子もいた。

やがて小ブナがかかってドジョウがかかって、にぎやかになり、バケツの中はいつのまにかザリガニがざわめいて……。

しかし、大きな魚はかからなかった。

最近、子どもたちの間で釣りがはやっているという。どんな釣り具なのか、一度見たいと思って見せてもらったら、すばらしくデラックスで、昔、手製の釣り具とは比較にならないほどである。

ところが、魚を釣ることはどちらかというと昔の粗末な釣り具の方がよく釣れて、現代の方が道具倒れらしい。それは魚がたくさんいたからなのか。どっちがどっちかわからない。

# 火ぶり

夜、明かりを灯して魚を捕ることを、私の故郷（栃木県）では「ひぶり」といった。ところが西隣の群馬県では「ひぼり」「ひおい」といい、東隣の茨城県では「ヤス突き」「ドジョウぶち」などと、魚捕り道具名をもって夜の魚捕りの意味を伝えている。

遠く離れた島根県出雲市では「よほり」、岡山県勝北町では「よぶれ」という。調べてみればまたぞろこうした夜の子どもの魚捕りの名は全国各地にあると思う。

また明かりをつけた舟で魚を突く「よつき」「よづき」（夜突）山形県・島根県、「ねいおきつき」（寝魚突）長崎県壱岐、そして網で捕る「やきあみ」奈良県、「やきどり」高知県長岡などの夜漁があるが、これは大きな川や海で行う大人たちの生業とする漁撈で、子どもの魚捕りとはちがう。ここでは子どもたちが、松のヒデ（樹脂）を燃やしたり、石油のカンテラなどの明かりを灯し、鋏やヤスでドジョウやフナを捕ることであるから、大人の漁撈とは別である。

しかし魚の習性を利用して夜の魚を捕ることには、大人も子どもも変わらない。

「ドジョウは早寝だが、フナは宵っ張りでなかなか寝ないもんだ〟」

と祖父がいっていた。

ドジョウは梅雨期《つゆどき》になると、産卵のため川をのぼってゆくが、このころは折悪しく田圃は苗代かきで、川の水は流れを変えたように田圃へ引かれて水田となる。大きな川と思いこんでドジョウが入った水田は、農耕馬や人の足でさんざん掻き混ぜられ、あげくの果てに石灰がまかれた。そして夜になると一転して静かになり、鏡のようになった水田には時折カエルが鳴き跳び、やがては沈黙の夜の世界になる。ドジョウは生きのび、そして昼間の疲れを癒やすように水口や溝などの隅に長々と体を横たえまどろんでいる。

昔から夜の魚捕りの明かりは、松のヒデを細かく割って針金で作る籠に入れ、火を灯して明かりとした。このヒデとは茨城県あたりではヒデボッカなどといい、農閑期に松の根を掘り起こし、一年間の野外での明かりの材料として採り貯めた。戦争中は内燃機（エンジンなど）の代用燃料（松根油）となり、よく燃え明るいものであった。しかしこの松ヒデは灯すと油煙が出て燃えつきるのも早く、ひと晩魚捕りに出かけるとなると大量の松ヒデを必要とするので、背負い籠を肩に出かけたものである。明治時代も中ごろになると、この松ヒデに代わって便利な石油ランプとなったが相変わらず油煙が出て、水べりの陸に立って明かりの燃料を入れた籠と、捕った魚を入れるバケツを持った「陸持ち《おかもち》」は煤けた顔になっていた。一般的ではないが、私の祖父などは足尾銅山から持ち帰った坑内用のガスランプ（カンテラともいった）を持っていて「ひぶり」に使用していた。このランプがひどく明るかったことと、燃料のカーバイドの匂いは今もって忘れられない。しかし松ヒデも石油ランプも、そしてすごく明るかったガスランプも、明るさは明るいが光が放散して焦点がない。とくに水の流れる小川では水面でチカ

チカ光が照り返し、水底の魚が見えにくかった。その点、私が「ひぶり」をするときは、自転車につける乾電池の電灯が専らの道具であった。この電灯には前面に凸レンズが付いていて、水底のドジョウに光の焦点が当て易く、取り扱いも簡単で便利であった。

さて明かりの説明のあとは、この明かりで照らして、早寝したドジョウを覗いてみよう。

水の流れに頭を向けたドジョウは体長約一〇センチ、独特のひげ一〇本（真泥鰌）、流れの隅に横たわり、明かりに照らし出されてもピクリともしない。さてこの眠りこけたドジョウをどのような用具で捕まえるか、次にドジョウ捕獲の用具を説明しよう。

ドジョウ捕獲は昔から一本釣りならぬ、突き刺しや挟みの方法が多い。それは網などで押さえすくっても、いたずらに水中に騒ぎを起こし、狙ったドジョウ以外のフナやカエルなどを刺激してしまうからである。突き刺し・挟みの技はこんなところから考えられた音をたてない捕獲法なのであろう。

まず突き刺しの道具「ヨドブチ（ドジョウタタキ）」というものがある。ところによって「ドジョウブチ」または「タタキヤス」ともいった。

これは町の金物屋で昔はよく売っていたもので、縫い針（大ぐけ針、蒲団針）を二〇本から二五本、ブリキの台に並べハンダ付けしたものである。これに篠竹のような竹（長さ一二〇センチ）を取り付けて、水面下のドジョウを叩くのである。この場合水面と水底のドジョウの僅かな間を狙う。なぜなら叩いたときの水しぶきと同時に針がドジョウに刺さることが条件であるからだ。水深が深いとドジョウタタキがドジョウに届かず、捕獲は当然ゼロである。私はこの不利を克服するためにドジョウタタキを普通のヤスのように変え、水中に入れて使用したが、このヤスは川底が泥ばかりならよいが、小砂利だと針が折れやすく、折れた個所の針を補充するにはハンダ付けしてあるので大変であった。再び金物屋に新しいものを買いに行った方が安上がりであった。好きな魚捕りでもあるしお金があれば買い求めたが、お金がないときに折れた針を取り換えるにはどうしたらよいかと思案した。その結果、まず篠竹の先端を二つに割り、ここに針を挟んでは凧糸で締め付けて二〇本の針を固定し、そして針を取り付けた篠竹の先端部分を鋸で切り落とし、残りの竹に横向きに取り付けた。市販のハンダ付けされたものではなく、発案自作したのである。この針ヤスを三本ぐらい作って出かけると、ひと晩のドジョウ収穫はぐんとアップした。この針ヤスでドジョウの他にフナなども捕ったが、ウナギには歯が立たなかった。それは三〇センチぐらいのメソッコ（子どもウナギ）でも、刺すとドジョウよりも身をよじり、針を折って逃げてしまうからである。

　針ヤスのドジョウ捕りは兄と二人でふた夏も捕り続けたが、針を折る損害も多かった。そしてそろそろこの道具にも飽きたころ、父が鉄製のドジョウ鋏という道具を兄弟共有のものとして買ってくれた。

　このドジョウ鋏は、初めからこのように鉄で作られたものではなかったらしい。昭和五十年、毎日新聞の連載にドジョウ捕りのことを書いたところ、読者からこのような道具を木で作ったものが昔から出雲地方にあるとの投書があった。その後この木《き》鋏《ばさみ》を確かめることなく過ごしたが、ある日古本屋で『明治・大正の出雲—庶民風俗』（太田柿葉著、成相苔石画、松江今井書店、昭和三十七年）と題する小誌を偶然手にすることができパラパラとめくると、六月の篇に「夜ぼり」とあり、この文中にこの木鋏のことがイラスト入りで書いてあった。

「……腰にビクを下げた一人が松火で川面を照らし（陸持ちのこと）ほかの一人は木鋏（長さ二尺、幅八分くらいの木片二本の中央に目釘、先端二寸五分ほどの内側に釘の乱歯を作る）で川底に眠る雑魚をはさみました。ポッカは敏捷だし、泥鰌はつかみ難いけれど、木鋏ではさむと難なくとれ、泥鰌がキューと鳴くのでとても愉快でした。……」

　最近松江生まれ育ちの友人にこの木鋏のことを聞き質すと、幼きころを述懐しながら、ドジョウがよく捕れる道具であったと語ったが、いつごろまで使われていたかは不明であった。

松江の手前の岡山で、昭和初期の子どもたちの生活誌をまとめた『尋常小学校ものがたり』（竹内途夫著、福武書店、平成三年）に「夜ぶれ」の道具に魚杈《ヤス》、網、鋏の三つのことが記され、さらに画家である著者の絵が描かれ、子どもたちの「夜ぶれ」の様子を伝えている。一九二〇年生まれのこの著者がドジョウ鋏を片手に夢中になっているころは昭和五年頃ではないかと想像するが、私がドジョウ捕りに夢中になった昭和十年頃のことを考え合わせると、このドジョウ鋏はすでに各地方で愛用されていたのではないかと思う。

さらに私はこの鋏に三種類あったことを記憶する。それは挟む部分が凹状になっているもの、合わせる部分がギザギザに刻みこまれたもの、それからもう一つはドジョウにかぎらず、ウナギに出会っても挟み捕れるという変形の鋏であった。先の二点はドジョウを挟めば絶対逃げられないすべり止めの形状で、変形の鋏はフナも捕まえられるという万能鋏であった。私は一度、前日の夜にウナギに出会って逃げられたので今夜こそ捕まえるぞと、友達から変形の鋏を借りてひと晩使ったが、噂ほどのものではなかった。

さて鋏の説明は以上だが、この鋏をどう使うか、明かりに照らし出された眠れるドジョウをいかに捕るか、緊張の一瞬である。

まず鋏の先端を五センチほど半開き、そのままそっとドジョウの胸ビレの下あたりを挟むように下ろしてゆく。そして一気に突き刺すように挟む動作を瞬時に行う。ドジョウの胴体の中心を狙って挟む。すると大きなドジョウならばキューと叫び、鋏にからみつくように丸く体をよじる。捕り手はドジョウを挟んだまま陸持ちの方に鋏を向けると、陸持ちはスッっとバケツを差し出す。そして囚われのドジョウはバケツに放たれ、一瞬バラバラと暴れるがやがて温和しくなる。

昔は初夏のころからドジョウ捕りの「火ぶり」は田園の遠近に見られたものであった。それは幼い心には狐火に見えて怖かったものである。

# 鯉釣り

幼いころ、生家の前は地主であり味噌醤油の醸造を営むお大尽であった。

日光に通ずる例幣使《れいへいし》街道と天狗の杜の古峰ヶ原《こぶがはら》街道の分岐点に建つ地主の家は、この三角地帯を利用して末広がりの地域に多数の蔵と屋敷を構え、これらを黒塀で囲んだ要塞のような家だった。近所の子どもたちは滅多なことではこの屋敷に入ることはならず、私は幼いころからこの黒塀の中が見たい一心で、塀の下にある僅かな隙間から内部《なか》をよく眺めたものである。

ところがたった一ヶ所、この屋敷に通ずる生垣に囲まれた池があった。一見気付きにくかったが、檜葉で囲われた生垣の繁みに空間があることを子どもたちは「かくれんぼ」をしていたときに発見した。やがてガキ大将の太やんの知るに及んで箝口令《かんこう》が敷かれ、この空間が密漁の侵入口となるのに時間はかからなかった。早速偵察が入り、池は縦二〇間《けん》横五間で、半分は蓮が密生し、残る半分は水口《みなくち》がある空間で、ここにフナやドジョウ、そして一尺五寸（約四五センチ）ぐらいの真鯉がたくさん泳いでいた。付近には池の向こう側に離れ家があり、その先に本家の屋敷に通ずる道が一本ある。さらに付け加えると、離れ家は戸締まりがしてあり、人は住んでいない。密漁には絶好の条件が揃っていた。

発見の翌日、太やんを中心に魚捕り好きな同級生の三郎と新二、そして私の四人が集まった。

まず釣針だが「あのでっけぇ鯉の口だと鰻針でねぇと駄目だど」と太やんが力説したので鰻捕りの流し針を使用することに決めた。餌は太いミミズ（ドバミミズといっていた）で、風呂場の流し口にある溝で数尾捕まえて用意した。遅れてきた三郎は焼芋をかじりながら鯉釣りに参加した。

はじめに生垣を一人が抜けて中に入り四人の釣竿を受け取り、残る三人が生垣をくぐり抜けて池の端に立った。太やんの指示でドジョウやフナには見向きもせず、ひたすら鯉を目指して、鯉の遊泳する池の深みを狙って釣糸を落とし、釣針にかかるのを待った。だがどうしたことであろう。ここの鯉は意外に釣り慣れしていて、釣針の先端に垂れたミミズは喰うが、釣針本体のミミズを喰わない。太やんは時折、

「クソ！　ここの旦那の魚だからケチくせえ、べらぼうめ！」

とつぶやいた。

そうこうしているうちに餌のミミズはなくなり、針に残るミミズは水にふやけ、白っちゃけて、味なし。密漁に心高鳴るスリルも、獲物がかからなければ気落ちするばかりである。そしてやけくそになった三郎が、ミミズの代わりに焼芋の尻尾のところを釣針につけてドボンと投げた。すると間もなく、ぐんぐん糸が引かれ見事に鯉がかかった。三郎は上擦った黄色い声で、

「かかったゾ！」

と叫ぶと、イライラしていた三人はバタバタと三郎のところへ駆け寄った。釣竿にはリールがないから三郎は後に下がったり前に進んだりを繰り返し、釣竿をしっかり握りしめ鯉とやりとりをしていた。そんな一進一退の攻防の末、鯉が蓮の根に絡まり動けなくなったところを、蓮の根ごと引き上げ、タモ網に入れて糸を切った。体長一尺六寸（約四八・二センチ）の大物であった。

この日の密漁は三郎の釣った鯉一尾で終了した。さてこの鯉をどうやってここから持ち出すか思案した。それというのも、この生垣を出ると人や車の行き来する街道で、とくに反対側は軒割長屋だからカアちゃんたちに気付かれでもしたら騒ぎになることは必至であった。そんなことを考えると三郎も新二も鯉を持ち出すことに気後れした。このときガキ大将の太やんが、

「なにくよくよしてるんだ！　鯉を持ち出すのは屁のカッパじゃーい」

と高瀬実乗《たかせみのる》（戦前戦中の喜劇役者）の真似をした。

「わしゃかなわんよ！」

とそのまま生垣の隅に走り出した。やがて太やんは鼻をこすりながら、

「ぬかりはねぇぜ」

と見栄を切り、一升瓶を下げてきた。

「太やんこれどうするんだい？」

というと、太やんは底の抜けた一升瓶を頭上に捧げ、

「仕上げはご覧《ろう》じろ」

といいながら、鯉を底の部分から入れ、口元から一メートルぐらい残る釣糸を瓶の口に出して一升瓶の中に収めた。鯉は一升瓶より大きく、尾ひれが外に出ていた。それまでくねくねと動いていた鯉は、一升瓶に収まると身動きできぬのか温和しくなった。この太やんの奇策に皆はアッと驚いた。

その後この鯉は町の川魚専門店で七銭で引き取ってもらった。穴あき五銭一枚と一銭銅貨二枚、四人で駄菓子屋でくじを引いて使ってしまった。

こんな子どものころの魚捕りから十年近くたち、私は戦後のどさくさの東京に出てきて芝居に夢中になっていた。俳優志望ではないが田舎弁を直そうとしていたころ、劇団は左傾していたので芝居よりデモに参加することが多かった。そんなことから宮城広場（皇居二重橋の前の広場。昭和二十四年からは「皇居前広場」と名を改められた）に行くことが頻繁であった。皇居を囲む宮城の堀には鯉がたくさんいることはよく知っていた。ある日の夕方、早春とはいえまだ寒く、財布には金がなく、堀端を日比谷公会堂から神田に歩いて向かっていた。和田倉門あたりにさしかかったとき、草むらから堀に向かってポチャンと何

かが落ちたので振り向いて水面を見ると、釣の浮きが波紋を展げていた。おや、あんなところに釣り人がいるとは思ったが、当時は宿無しの人をあちこちで見ていたので気に留めずに目をそらした。すると今度はバシャンと水音がするので振り返って見たら、大きな鯉が釣り上げられていた。復員服を着た人がすっくと立ち上がり、水面から釣り上げられた鯉を、なんと夕闇の中にキラリと光る一升瓶の中に収めたのだ。やがてその人は一升瓶を下げて夕闇の中に吸い込まれていった。

ガキ大将の太やんがやった奇策を、再び東京の空の下で見るとは！

ただただ驚くばかりで、もしやその人は太やんだったのではないかと一瞬思ったりもした。だが、太やんは沖縄の戦いですでに戦死していた。そう思いつくと涙が止めどなく溢れてきた。

# 発破と毒もみ

魚釣りは巧妙な仕掛けで魚を釣り上げ、その技と心意気はひとつの芸でもある。

ところが発破や毒もみは技も芸もあったものでない。捕らえた魚が傷つこうが死んでしまおうが、魚は食い物としての対象でしかない。

したがって、魚捕りとしては邪道で、漁業組合どころか警察でも違法行為として昔から厳しく取り締まってきた。

まず発破から説明すると、発破は火薬を爆発させてその衝撃で魚を昏倒させ、水上に浮かんだところをすくい捕る方法である。しかし火薬は大昔はともかく、現代では特別の許可制で取り扱いもその資格保持者でなくてはならないから、花火業者や石材を採る業者、または山岳地帯の土木工事現場でないと許可されない。とくに発破漁は警察の目の届かない山奥の道路工事飯場などで、人夫たちが密かに谷川の淵などにダイナマイトを投げ入れ、山女《ヤマメ》や鮎などを捕って食べていた。こんな話は山村などで昔は度々聞いたものであった。

宮沢賢治の『風の又三郎』の中に発破漁の様子が出てくる。作中で子どもたちが水泳ぎ遊びをしているところに大人四人が現れると、子どもたちは素早くこの大人たちを見抜いて、

「おお、発破《ハッパ》だべ。知らない振りしろ……」

と遊ぶ振りして大人たちを観察した。

……すると向こうの淵《ふち》の岸では、下流の坑夫をしていた庄助《しょうすけ》が、しばらくあちこち見まわしてから、いきなりあぐらをかいて砂利《じゃり》の上へすわってしまいました。それからゆっくり腰からたばこ入れをとって、きせるをくわえてぱくぱく煙をふきだしました。奇体だと思っていましたら、また腹かけから何か出

しました。
「発破《はっぱ》だぞ、発破だぞ。」とみんな叫びました。
一郎は手をふってそれをとめました。庄助は、きせるの火をしずかにそれへうつしました。うしろにいた一人はすぐ水にはいって網をかまえました。庄助はまるで落ちついて、立って一あし水にはいるとすぐその持ったものを、さいかちの木の下のところへ投げこみました。するとまもなく、ぼおというようなひどい音がして水はむくっと盛りあがり、それからしばらくそこらあたりがきいんと鳴りました。向こうの大人《おとな》たちはみんな水へはいりました。

このときはかじか一尾とフナ三尾ぐらいを子どもが拾い上げただけの不漁であった。魚の値段とダイナマイトの値段を比較すると大損したわけであるが、ダイナマイトは会社のものだから平気なのだろう。

発破漁は太平洋戦争末期のころ南方の孤島に残された兵隊が、食糧が尽き果てて、手榴弾を海に投げ入れて魚を捕り飢えをしのいだという話を聞いた。このようなフィリピン、インドネシア海域あたりの日本兵の行った魚捕りが悪影響を残し、現地の漁民がペットボトルに火薬を詰めて漁をしていると、一九九六年八月二十九日の朝日新聞に報道されていた。この火薬による漁獲は魚ばかりではなく、珊瑚礁を破壊しているという憂うべき事態が起きていた。

私は子どものころ、この発破漁の噂を聞き、試してみようと花火を一束にして火を点けて川に投げ込んだことがあるが、口火が消えたり、爆発しても水面上に白い煙玉ができるくらいで失敗した記憶がある。それよりも次に述べる「毒もみ」の方が子どもたちには手慣れた魚捕りだった。

毒もみの毒とは、山間地などでは山椒の実や樹皮を乾燥し粉にしたものに木灰を混ぜて使用するが、ところによってエゴノキの実、または茶の実を潰して木灰を混ぜたものを毒液にしていた。魚がこの毒液を飲むと体がしびれて昏倒し、たいていは死に至るものであるが、魚がしびれて水面に浮上したらすぐさますくい上げ、清浄な水を入れた容れ物に放し、毒を吐かせて正常な魚体に戻すのが上手な毒もみである。私の故郷でも毒もみはエゴノキの実がほとんどだが、山地では山椒に木灰を混ぜたものを袋に入れて、これを水の中で揉み出した。「毒もみ」という名はここから生まれたものらしい。

次の話は茨城県の石下《いしげ》町の老人から聞いた話であるが、この地では昔、毒もみの材料はエゴノキの実が専らだったそうだ。エゴノキは川べりや雑木林などに生えている高さ三～五メートルに達する落葉樹で、初夏に白い花を咲かせ、やがて淡緑の桜桃《さくらんぼ》のような小さな実をたくさんつける。このころの川は魚も産卵期が近く、活発に泳ぐ姿が目立ってくるので、子どもたちはこの魚を捕まえようとする。だが釣るよりも網で捕るよりも、一網打尽ならぬ「一毒打尽」の毒もみをやろうと、準備にかかるのがこのころの子どもの年中行事だったと老人は語った。

……まずバケツを下げてエゴノキの実を採りに出かけ、採ってくると人気のない神社の境内にある手洗石にエゴノキの実を入れ、石でコツコツと潰す。この作業は三～四人の作業で手早くすますが、ある日折悪しく、赤ん坊の初宮参りできれいな着物を着たおばさんや嫁さん数人がぞろぞろと鳥居をくぐってやってきた。子どもたちは大慌てでドロドロとしたエゴノキの実をバケツに戻しているうちに、神主に見つかり大目玉を食らった。

さて無事にエゴノキの実を石で潰し、ここに木灰を水で溶き混ぜてドロドロにする。これを川に運び、魚のいそうなところを中心に、その上流の川の流れを堰き止めてから、下流に向かってこのドロドロ毒を撒き散らす（毒の効き目が弱いときには水をかき回すと効果がアップした）。しばらくすると毒にやられた魚はくねくねとあちこちから浮かんでくる。子どもたちはタモ網を手に、あっちへ跳び、こっちへ戻っては魚をすくい捕り、きれいな水を入れた容れ物の中に獲物を入れた。あっというまに「一毒打尽」、魚を捕り尽くすと堰を壊し水をどっと流した。

宮沢賢治の作品に『毒もみの好きな署長さん』という童話がある。この物語はプラハの町に新任の署長さんがやってきた。彼は毒もみ愛好家で、この国で禁じられている「毒もみをして魚を捕ってはなりません」という条例を無視して、毒もみ犯を検挙する振りをして自ら毒もみをして鰻を捕っていた。これがばれて死刑になったという話である。この毒もみは作者の故郷（花巻）に伝承されたものであろう、この物語の中で毒もみのことが述べられている。

……床屋のリチキはこう云う風に教えます。

山椒の皮を春の午の日の暗夜に剥いて土用を二回かけて乾かしうすでよくつく、その目方一貫匁を天気のいい日にもみじの木を焼いてこしらえた木灰七百匁とまぜる、それを袋に入れて水の中へ手でもみ出すことです。そうすると、魚はみんな毒をのんで、口をあぶあぶやりながら、白い腹を上にして浮びあがるのです。そんなふうにして、水の中で死ぬことは、この国の語ではエップカップと云いました。

……

と毒の作り方とその毒の撒き方までこの作品にあり、さらに署長の毒もみの収支計算まである。

毒もみ収支計算

費用の部

一、金　二両　山椒皮　一俵

一、金　三十銭　灰　一俵

計　二両三十銭也

収入の部

一、金　十三両　鰻　十三斤

一、金　十両　その他見積り

計　二十三両也

差引勘定

二十両七十銭　署長利益

結局、署長は密かに二十両七十銭儲けたが、その代わり首が飛んでしまったのである。
毒もみはこの他に『風の又三郎』の中でも、大人たちが発破を仕掛けて右往左往している陰で、佐太郎が袖で隠すように毒もみに使う山椒の粉を入れた袋を持っていたという部分がある。この魚捕りは、子どもたちの間で季節が来ると盛んにやっていたようである。

エゴノキの実や山椒の毒もみは農山村の子供らのするもので、私の住んでいたところでは、専ら石灰を川に投じて魚を捕らえる「毒流し」であった。それというのも、故郷の近郊に石灰岩を産出する山があり、トロッコで運び出された石灰が貨物駅の集荷場に山と積まれていた。したがって毎日の広場遊びや野球のラインを引くのには、俵や袋から破れ出た石灰を取ってきて使っていた。魚捕りのときにここから黙って頂戴することは簡単であったが、たいてい、魚のいる川の周辺の水田の畔には田植え時期になると二〜三俵の生石灰岩が置かれていて、これが雨の日などに濡れると自然発火して燃え上がり、岩石は白い粉を吹き崩れ出す。これをバケツに入れて川に投げ放つと、牛乳のようになった水が下流に流れ出し、ドジョウが浮いてくるのである。これを「灰汁泥鰌《あくどじょう》」と呼んでいた。

この毒流しよりももっと簡単な魚捕りが田植え時期にあった。稲田の水耕の水は川から引き込むので、魚が水田に入り込む。そんなところへ肥料と害虫駆除を兼ねて石灰を撒く。するとドジョウは苦しみ、白い腹を出して浮かぶ。そんなドジョウをタモ網ですくい捕って真水に放ち、生き返らせ、思いがけない豊漁に喜んだ記憶がある。そのころは水田に白い粉を撒き散らす農家の人を見ることが多かった。子どもたちは人の気配がなくなると、今石灰が撒かれたばかりの水田に駆けつけ、灰汁泥鰌を捕り、真水に入れて持ち帰った。豊漁をドジョウ好きの父に見せると、

「なんだこりゃ！　灰汁泥鰌じゃねぇか」

とばれて、喜んでもらえるどころか蔑まれて、見透かされた悔しさに裏の川に投げ捨てた思い出がある。

現在、発破も毒もみも、そして灰汁の毒流しもすっかり忘れ去られた。川には魚も少なくなり、広くなった耕地には石灰どころか強烈な農薬が撒かれ、水田は無生物化してしまったといっても過言ではないだろう。

一昨年、花巻に宮沢賢治の足跡を訪ね、その折に毒もみの話を聴くと「昔のことですよ」と笑われてしまった。現代ではおそらく、賢二の童話を読んでも毒もみの魚捕りの実感どころか、その意味さえも不明になってしまうのであろう。

# 笯どり

戦後しばらくの間、農村では昔ながらに川の水を生活用水として利用する家が多かった。それほど川の水はきれいで、農村ばかりではなく地方の小さな街の溝（水路）を流れる小川を利用して、野菜などの洗い物は川端ですませていた。ときには洗濯物のすすぎなども行った。こうした川端は母親の家事労働の場であり、夏には幼子の水浴び場所で、洗濯のたらいや桶などを浮かべて遊ぶ場でもあった。母親の目の届く範囲が幼子らの遊び場だったのである。このような水路を利用する街は今でも地方では時々見かける。

子どもたちは小川のへりの草にとまる虫や、川に泳ぐ生物に惹かれ、タモ網をかざして捕まえてはバケツなどに入れて楽しんだ。とくに川端で子どもたちが惹かれるのは小魚であった。中でもメダカ、小ブナ、ギギの子（ナマズ目ギギ科の淡水魚）などが水際の草陰に泳ぐ姿は愛らしく、捕まえてガラスの容れ物で飼いたい衝動に駆られるのは当然であった。そのためタモ網のない子は笊《ざる》などを勝手口から持ってきて、どうにかしてすくい捕ろうと夢中になって魚を追いかける。幼子はメダカ、ミズスマシ、そしてときにはアメンボウなどをすくい捕った。幼子にとってメダカは一番身近な魚で、丼などに入れて眺めて楽しんだが、ミズスマシは捕まったことに驚いて水面を泳ぐことを忘れ、水中をくるくる回り泳ぐのであまり面白くない。アメンボウは笊にすくい捕ってもピョンピョン跳ねて逃げ出してしまう。やっと捕まえたと思ったら、長い脚一本置き去りにして川に飛び込んで逃げてしまう。その残された脚をつまむと、そのくさいことくさいこと。ただ、そのくさい脚を呑みこむと水泳が上手くなるというので、目をつぶって一気に飲み干したものである。

# 手づかみ漁

ドジョウは意外にのんびりしていて、そっと近づいても気がつかないが、フナは敏感で人の気配や物音でパッと逃げる。そして身を翻して逃げるとき、川底の泥をヒレで掻きまぜ煙のようにして川草のような物陰に身を寄せて隠れる。この濁った煙幕のような泥水が流れ去ったあとにフナの居所を察知できるのが手づかみ巧者である。

子どもたちの手づかみ漁は、生活地域に流れる小川や畑、水田、堀のようなところで行った。ときには大きなフナを発見することもあって、フナはドジョウと違って「魚だ！」という魅力があるから喜びも大きかった。

子どもはフナの潜むところがわかると、川べりに静かに両膝をつき、カエルのように両手を出してお辞儀をするように水に入れ、フナの潜む草陰の前後を挟むようにゆっくりと両手をせばめる。決して急がない。顔に蚊がたかったって両手に神経を集中させる。ここが大切なことである。下手な奴はここでツツーンと前方へ逃げられ、フナに馬鹿にされる。次にフナの頭のほうの手をより頭に近づける。なぜならフナは頭の方向に逃げるからだ。そしてさらに両手をせばめ、一瞬のうちにパッと捕まえる。泥も川草も、ときには川虫も一緒くたにつかむのでそのまま路上に放り出す。泥とゴミの中からフナは銀鱗を輝かせて踊り暴れる。子どもは「どんなもんだい！」と鼻高々である。

昔は魚がたくさんいた。そして子どもたちは春夏秋冬、虫や魚に関心を持ちつつ遊び暮らした。学校への登下校に道草しながら虫や魚捕りに興じ、鞄を放り出し、袖やズボンの裾をまくり上げ、虫や魚を追いかける姿をよく見かけたものである。

私は幼きころ体験した魚捕りを思うと、小学五年生ごろの苦い思い出がよみがえる。このころは算術（算数）

がわからなくなった時期で、授業が面白くないので算術の帳面（ノート）に冒険ダン吉の漫画を描いていて、先生に見つかり叱られた。この日の先生は機嫌が悪く、私は廊下に突き出され立たされた。生憎この日は土曜日だったので三時間で授業は終わり、教室掃除当番は掃除を済ませるとサッサと帰っていった。そして廊下に一人残されると、たまらなく淋しくなった。

やがて役場の昼の「ポー」が鳴ると急に腹が空き、半べそ寸前であった。

「もう我慢できねぇ！　いっそのこと窓から逃げ出そう」と考えたそのとき、廊下の隅のほうから先生が

「オーイ、帰ってもいいぞ！」

と声がしたので、急いで鞄を小脇に外へ出た。ところが誰もいない校庭を一人で帰るということは、勉強ができなくての居残り、さもなくは廊下に立たされた者と見られるので、急遽学校の裏門から畑や墓地を通り家をめざして小走りに駆けた。

途中、菜種油の絞り工場の裏道にさしかかったとき、小さな堀に何処をどう間違ったのか、体長一五センチのフナが小波を立てて右に左に泳いでいるのを走りながら発見した。私は走るのを止めて

「このフナを見逃すわけにはいかねぇ」

と鞄を放り出し腕まくり裾まくり、泥煙を上げたところからフナを捕まえ、はいていた靴の中にフナを入れて家に帰った。

そのころ母は、私が学校から帰ったら用事をいいつけるつもりでいたが、近所の子どもらがとうに帰っているのに私が帰ってこないのでイライラしていた。そこに片方の靴を恭しく捧げて帰ってきた私を見て母は、

「なんだ！　そのざまは！」

とあきれ顔で私を見た。私は、

「母ちゃん、でっけいフナ……」

というと、母は言葉なく、

「……こけやろ（ばかやろうの方言）……」

とひとこと言った。

以来、ときどき廊下に立たされて遅くなると、母はき

まって、

「魚捕ってきたか！」

とひとこと言って、遅くなった理由を問いただざなくなった。

母は兄や妹の報告で、今日もバケツを下げて廊下に立っていたことをすでに知っていたのだ。

# カエル釣り

このごろの子どもたちは道草をしない。それは学校で勉強が終わったのでなく、さらに塾に出かけて勉強が引き続く子どもが多いからである。そして夕方になると腹をすかして一目散に家へ帰り、母に向かって第一声は、

「何か食べるものないの……」

だ。これでは道草どころか、勉強という亡霊にとりつかれたように、絶えず追われっ放しである。

道草とは仕事の途中で馬が道端の草を食べて歩かないことから、昔は子どもがお使いに出かけて帰りが遅くなると、

「また道草を食っていたな!」

と、叱る言葉として使うようになった。そして子どもが大人になると、今度は

「油を売っていたな!」

という言葉になる。

カエル釣りはそんな道草の一つで、自然がたくさんある土地の子どもが学校帰りの道草によくやった。

カエルを釣るには道端の草のエノコログサ、ミノゴメソウの穂を、先端を少し残して下をこき降ろす釣りざおと、さらにオオバコの葉を千切って結ぶ方法、キツネノボタンの実をつけたりするなど、いろいろなやり方がある。そしてカエルが一点を見つめて座る鼻先に、まるで虫がやってきたように左右に揺する。と、一瞬の間に大きな口でこれを飲み込むカエルを、間髪を入れず釣りあげる。見事、四肢《し》を宙に泳がせるカエルを捕えることが出来る。

何の役にたたでつらるる蛙《かわず》かな　来山

子どもは捕えたからといってどうってこともない、しりに麦わらを入れて膨らまし、ときにはなぶってカエルの葬式遊びまでやった。

こんな遊びをして家に帰ると、

「道草を食ったな」

と親たちに叱られたが、勉強だけは学校だけで十分、みっちりやっていた。（「オオバコとカエル」の項参照）

# カエルの葬式

戦後間もないころのことである。青雲の志を抱いて上京した私は、都会の新しい友人たちと皇居前広場を通りながら、芝生の中に生えるオオバコを見て

「カエルッパが生えている!」

といった。すると友人たちは蔑むような声で、

「バカだな! あれはオオバコというものだ」

というなり噴き出すように笑った。私はこの時ほど田舎者の劣等感を痛切に味わったことはない。そして笑われ赤面しながらも不可解な気持で一杯であった。

それというのも田舎では、友達も父母も祖父母も、時には学校の先生もオオバコをカエルッパといった。それどころか、越後からやってくる毒消し売りのあねさんも、静岡のお茶売りのおじさんも、北国から季節になるとやってくる酒倉のおじさんたちも、だれもがオオバコをカエルッパとかゲェールッパ、キャーロッパとカエル名を付けて呼んでいたからである。

そしてどちらかというと、オオバコという名は、

「からくにの、へきに立ちて大葉子は……」(『日本書紀』)

という歌の、新羅の国に捕えられた烈婦大葉子の名前ぐらいしか知らなかった。今にして思えば標準名のオオバコよりも、ふるさとの自然と風土の生活から命名されたカエルッパの方が、どれだけこの草に親しみ、しかも子どもたちに愛された草の名であることか、当時田舎言葉に気を使い慙愧《ざんき》に過ごしたことが残念でならない。

このようにオオバコにカエルの名が付けられた方言は、日本植物友の会編の『植物方言集』を見ると、オオバコの項の約三分の一はカエル名が付いたもので占められている。その方言地は新潟から中部、関東、東北に分布するもので、それぞれのカエル方言名が付されている。ではなぜカエル名がオオバコに冠されているのであろうか。

金井紫雲著『草の芸術』によると、オオバコをもんで膨らますホーズキ遊びの葉がカエルの腹に似ているからだという。また『本草綱目』に車前草《オオバコ》の異名に中国では蝦蟇《がま》衣《ごろも》と呼んでいるからであろうという説や、蟇油《がまのあぶら》の口上に筑波山のオンバコをカエルが食べるからとか、オオバコの葉でカエルを釣るからだと、さまざまな説がある。しかし、これだけの説でこれほどまでの広い地域に分布しているのは何故だろうかと不思議でならない。

その点分布の広さから見て、子ども遊びのカエルの葬式に原因があると私のみならず、前田勇氏も述べておられる。鈴木煥卿著『撈海一得』（明和時代）の蛙のおんばこには江戸市中の子どもの「蛙の弔い」遊びが記されており、一茶の『おらが春』には信州の子らが蛙の野送りをしている様子が記されてある。この葬式遊びはカエルを嬲《なぶ》って仮死状態にして、オオバコの葉の褥《しとね》に大の字に上向きに寝せて、さらにもう一枚の葉をこれにかけて土を盛り、野の花と線香を立てて葬式ごっこをするものである。

一茶によると、

「ひきどのお死なった、おんぱくもってとぶらひに」

と口々にはやすとあるが、私の幼いころはカエルのジャンボン（葬式の方言）といって南無阿弥陀仏と唱えた。そして引導をわたして土饅頭を三回まわってオンアブキャーベーナカムダラジンバラバラといいながら空かんをたたいた。それはそれは真面目なもので、しばしにぎやかに念仏やっていると土がむっくり動いてカエルが飛び出し子どもたちは、いっせいに悲鳴を上げて逃げたものである。

ただこれだけの遊びでありながら、子どもの心には、カエルのシリに麦わらを刺し入れて息を吹き込み、太鼓腹にして道路に並べて乗合バスに轢死させ、水に浮かべて水上ダンスをさせたり、残酷にも火に焙《あぶ》って爆死させた。

そんな悪業の悔いもこの葬式にこめられてあったから、カエルが蘇生すると、そのたたりの恐れから真剣に念仏を唱えた。オオバコの葉を仮死体に被せるのは、民間薬の効きめを子どもが信じていたもので、蘇生すればその薬効を信じ、そのまま逝けば弔ったというやすらぎがあった。いずれにしてもオオバコはカエルの経帷子《きょうかたびら》と外用医薬品であったからである。

オオバコをカエルの葉と呼ぶのもこんな子どもの遊びがもとにあり、その意味でオオバコとカエルとは、離れ難いものであった。またこのカエルの葬式遊びの根底には、あるいは無意識に、本当の葬式ともなれば非日常のうまい食物が食べられるという、類は類を呼ぶという欲望が子どもたちの遊びにはあったかもしれない。

私はかつてカエルッパという方言を含めて数々の田舎言葉を都会人に嘲笑され、恥じらいながら言葉をなおそうと努力し、都会の文化にあこがれたが、現在ではふるさとの方言と地方訛りをもつことを誇りにすら思っている。それは自然と歴史の豊かさの中で育った一つの証《あかし》であるからである。（「オオバコとカエル」の項参照）

# 縁日のゲンゴロウ

久し振りのふるさとの便りに、幼なじみのランプ屋の源ちゃんが亡くなったという知らせがあった。まだ男盛りの年齢でもあるしと思い、懐かしき幼きころの元気な姿がしのばれてくると、ふと久しく見ないゲンゴロウ虫を思い出した。それというのも亡くなった源ちゃんの悪口が、

ランプ屋のゲンゴロウ
灯りをつけて　やってこい

というもので、喧嘩をした時など、わんぱくどもが口をそろえてこのはやし言葉を店先で唱えた。すると源ちゃんの母親が商品陳列台の間から首を出して
「ゲンゴロウではありません、うちの子は源一ですよ！」
といい返してくるので、わんぱくどもは
「子どものケンカに親が出た。親バカチャンリン、そば屋の風鈴ひっくりかえして罰金だ！　罰金どころか懲役だ」
と大声で唱和すると、コラッーと父親が出てくる、が早いか一斉に路地奥に逃げこんだものである。

源ちゃんが中学に行くようになった時、どうして虫や魚（ゲンゴロウブナ）に人間の名前が付いているのか、孫太郎虫とともに不思議でならないことを真剣に二人で語りあったことがあるが、そのまま戦争がやってきてはなればなれになり、数十年があっという間に過ぎても、私はその命名の由来をいまだに知らない。おそらく源ちゃんも知らずして亡くなったであろうと思うと何故か心残りでならない。

ゲンゴロウはあまりきれいでない小川に棲息しており、とくにイヌやネコなどの死体の浮かぶかたわらにたくさんいた。子どものころ私たちはこの死体を避けて、三角

網のフンゴミという魚捕りをよくやったが、網にかかるものはフナやドジョウよりもタガメ、ミズカマキリ、イモリ、そしてゲンゴロウが五、六匹は必ず入っていた。網にかかったものを川岸に広げるたびに、ゲンゴロウがヨタヨタと這い出すので、シャクにさわってランプ屋ばかりだといいながら、役立たずのゲンゴロウを踏みつぶした。

最近私は動植物に興味をもち神田あたりの古本屋をよくあさるが、思わぬ所で手に入れた『長野県下に於ける、食用、薬用昆虫とその利用法』という長々しい表題のパンフレットを見ると、これまで役立たずと思っていたゲンゴロウが意外にも食用と薬にされていたことを知った。

ゲンゴロウの食用地域は、千葉、山梨、岐阜、福島、岩手、秋田、長野の各県にその風習が昔あり、その調理法は串刺しにして火に焙《あぶ》ってから塩や醤油を付けて付け焼きとしたり、砂糖醤油で煮つけしたものが主であったということである。

ゲンゴロウの食用は、聞くところによると日本だけでなく、朝鮮、中国にもあり、どちらかというと日本よりも多く食用としていたようである。とくに中国の広東地方で塩ゆでして干したものは、その味はエビに似ているといわれる。また薬用としては胃腸病、小児の疳《かん》薬に利用されるとあり、ゲンゴロウはかつては人間の生活に役立っていたようである。もちろん現在では食用どころか、姿すら見せない虫である。

さて、これだけ食用にされているから、子どもがこれを捕って遊びものにしたのではないかと調べてみたが、意外になく、長野県伊那の子どもらが小枝にゲンゴロウを這わせて、落ちると踏みつぶすたわむれがあるに過ぎない。

ところが、このゲンゴロウの習性を利用した小商いがある。これはお祭りや縁日の屋台で、子ども相手の商売であるが、戦後間もないころ東北の小さな町で見たことがあり、また昭和三十年代に、横浜の縁日で見たことがあった。それは、小さな杓子状の金網にゲンゴロウを乗せて、大きなタライの中心部に取り付けた針金の輪の中に落とすと、ゲンゴロウは一度深く潜ってから縁に泳ぎつき、止まる。ただそれだけであるが、縁にはそれぞれに区画したブリキの板が立てにつけられ、その区画に飴三本とか一本とかかれてあるから、ゲンゴロウが入れば飴の数がわかる、クジみたいなものである。子どもたちは二十円出して、虫の頭を景品の多い方に向けて落とす工夫をしきりとするが、なかなかうまくゆかないのが現実であった。

幼なじみの源ちゃんの死からゲンゴロウを思い出したが、あれほどいじめ殺したゲンゴロウが最近では農薬のために小川から姿を消し、都会では一匹五十円から百円で売られているのを見ると、世の中も変わったものだと思わず嘆息してしまった。

# トンボ釣り

昼間はカンカン照りで、トンボはどこかで昼寝をしているのだろうか、姿が少ないが、夕方になると川べりや原っぱの上空にヤンマがスイースイーとやってくる。これを関東ではオマワリというが、同じ通り道をいったりきたりするからであろう。

これはトンボが夕食に食べるカやハエを求めて飛んでいるので、何でも大型のヤンマなら二時間にイエバエ四〇匹、カを一時間に八四〇匹食べるという学者の研究報告があるくらいトンボは益虫であるのだ。それは、『古事記』に雄略天皇が猟に出かけてアブに刺されてこまっていると、トンボが飛んできてアブを食べて飛び去ったと記されているから、ずいぶん昔から益虫であると知られていたらしい。だから学校の教科書にも、

「せみの代りに、あれ取らうか。いや、とんぼは益虫だから、取らない方がよいと、先生がおっしゃった」(『小学国語読本』巻五)

と国語の時間に教えられた。

それにもかかわらず、トンボが益虫であるとは学校教育のタテマエで、子どもにとっては、トンボとは知恵くらべの相手であった。とくにギンヤンマ、オニヤンマは得難い相手で、シオカラトンボは我慢するとしても、オハグロトンボやイトトンボ、ミヤマアカネなどのトンボは相手でない。

私の友人の作家、吉村昭氏兄弟は、東京でも日暮里、上野公園界隈のトンボ棲息地帯に育っただけに、ヤンマトンボ釣りに精通し、精細にここで述べられないのは残念だが、とくに弟さんはギンヤンマを見ると闘争心をかきたてられて、あのほれぼれする勇飛にすっかり参って、セミ捕りなどは女や幼い子のすることだと断言する。それも袋網や竹箒などを使用せず、またモチなども好まず、

敵もトンボ王様の知恵者なら、こちらも知恵者と「ブリ」という黒の絹糸や馬の尾毛の両端におもりを付けて放り上げる仕掛けに絶妙な技術を誇り語っていた。

この「ブリ」とは、男の子のトンボ釣りの最高技術だが、天保年間の『尾張童遊集』によると明確でないが「アブラメッキ」というもので、さらにさかのぼると、平安後期の『梁塵秘抄《りょうじんひしょう》』にもウマの尾撚合《よりあわ》せてと書かれているから、大変古いトンボ捕獲術らしい。「鼻毛で蜻蛉《とんぼ》を釣る」という馬鹿野郎の代名詞も生まれるくらいであるから、男の子のトンボ釣りでは有名なものである。とくに上方ではこの「ブリ」釣法は多くの子がしたらしく、江戸時代の絵本にはよく釣姿が掲載されている。

『尾張童遊集』より

さて、この「ブリ」という仕掛けであるが、一見魚釣りでいう疑似餌で、夕方になって餌を求めて飛来するヤンマは、必ず一定の徘徊地《はいかいち》を決めてトンボ通路があるから、仕掛人はヤンマが前方に見えると、目先二メートルから頭上九メートルの空中に放り上げる。ブリは空中に回転しながら落下しかけると、ヤンマは大きな目玉でこの餌らしきものを察知して、文字通りのトンボ返りをしてこれに食いつく。すると一瞬、糸がヤンマの羽にからみつき、そのまま落下してくるのを捕えるのである。

神戸方面では放り上げるとき「ドンヤホーラ」といった呪《まじな》いの掛声をするらしいが、東京では何というのか私は知らない。説明では簡単だが、おもりと糸の長さ（四〇～七〇センチ）、放り上げる時期と位置がむずかしく、ベテランの方々のそれぞれの技があるらしい。私はこの技をマスター出来ず、モチで羽の付け根の所にベタリと付

『絵本西川東童』より

けて（羽に付けるのは下手）捕った。そしてヤンマの胴の所に黒絹糸を結わえ付け、竹棒の先に付けてオトリとして別のヤンマを捕えた。

吉村氏の弟さんによると邪道だというが、この捕獲法も古い技であることをここで念を押しておきたい。

それは江戸時代・享保年間の目付け絵（一人の人が多くの絵の中のどの絵を見ているかをいいあてる遊び）にもこの種の手遊び具がみられるからである。ただし、オトリのヤンマが雌ならよいが雄だと無理である。そのために捕獲した雄ヤンマの腰の青いところにモチや泥をぬってごまかした。いずれにしてもこうしてヤンマを捕え、片手の握りこぶしの指の間にヤンマの羽をはさんで、堂々と家に帰るときのあの誇りに満ちた少年の日は、無邪気なだけに忘れ去ることの出来ない夏の暮れであった。

# アリジゴクの競争

夏の夜、トンボのようなウスバカゲロウが灯《あかり》を目指してよく飛んでくる。この虫がアリジゴクであるとは、昔の子どもたちは知らなかった。学校の先生からこの話を聞くと、だれもがへェーとあきれた顔をして、お寺やお宮の縁の下のすりばちのような穴を思い出した。

アリジゴクという名は、乾いた砂地をせわしく歩くアリがこの穴に落ちると、ウスバカゲロウの幼虫が穴底で大きな口を開けて食べるから名づけたもので、実はアリばかりでなくクモなどの虫も食べる。

子どもたちはこの虫を掘り出して地面に置くと、不思議や後へ後へと後ずさりする。それが早乙女《さおとめ》が苗を植えながら後ずさりするのに似ているのでソウトメムシという。またところによると、牛の角のような大きなアゴがあるからジゴットイ（雄牛）といっている。長野の子どもたちはこれをデンボといって、デンボ殿様来たで戸開けろ、デンボデンボ下に火事あるから早く出て来いといって何匹も掘り出して、土を盛り上げた所に放してもぐりっこの競争をさせて遊んだ。

アリジゴクの方言は、虫の方言の中でも一番多い。不思議なこの虫の習性のために、いろいろな名を付けたのであろう。このごろでは、こんなのんびりとした遊びは見られなくなった。

# 風船虫遊び

　夏の虫で思い出すのは風船虫である。この虫は水底に沈んだ小紙片をもって水面近くまで運び上げては離し、再びもぐって同じ作業を繰り返す習性をもつ虫である。私は幼いころ夏の遊びに風船虫をビンに入れてよく眺めたものである。こんな思い出をもつ私は、やはり田舎の町育ちのせいだろうか。いつだったか銀座に出かけたおりに、路上からエレベーターが上下するのが見えるビルの前にきて、風船虫のようだな！　と評したが、居合わす友人たちはその比喩がだれにもわからなかったらしい。

　風船虫とは俗称で、本名はコミズムシで半翅《はんし》目類の水《すい》棲《せい》昆虫であるが、所によってはハタアゲムシともいう。ミズムシという手足に出来る痒い汗疱《かんぽう》名よりも、風船虫、旗掲げ虫の方がこの虫の生態を良く表しているので、一般にこの二つの名で通用している。

　この虫の棲息しているところは水田や沼であるが、体長六ミリの成虫になると、人家の灯火を目指して飛んできては、めまぐるしいほど灯のまわりを回転し、暗黄色の小さなボートのような体を畳の上に落とすことが多い。畳の上やテーブルに落ちたこの虫は、陸に上がったボートのようにぎこちなくバタバタしているが、驚くことに飲み残しのコップの水に飛び込むと、潜行泳が実にうまい。それは単に泳ぎがうまいばかりでなく、一つの得意な作業を繰り広げるからなお面白い。

　夜になってこの風船虫が電灯のまわりに飛んでくると、子どもたちは水を入れた一升ビンの中に何匹も捕えて入れた。捕えられた風船虫は羽の下に空気をたくわえ

フウセンムシ
（日本動物研究学会編
『全動物図鑑』）

て、あらかじめビン底に沈ませておいた一センチ角の色小紙片に向かって潜行してゆく。そして小紙片の上にドッカとひっつくと前肢をボートのオールのように動かしたかと思うと、紙片ともどもに、まるで空飛ぶ魔法の絨毯のように、水面を目指して上がってくる。水面近くになって虫の背が水面に出るか出ないかぐらいになると、虫はあわてて紙片を置き去りにして飛び下りて、再びビン底に潜行し別の紙片を捉えて水面に上がってくる。こんな作業を繰り返す風船虫が数十匹、ビンの中でさまざまな色紙片を水中に散らしながら活躍する様は、動く万華鏡のように美しいものであった。

　私はこの風船虫が好きであった。ある日、まだ梅雨も上がりきってないころのことである。私は食中毒になって（買い食いが原因）熱にうなされて寝ついている時だった。目覚めると枕もとにビン入りの風船虫が置いてあった。きっと私の好きな風船虫が出てきたという意味で、兄か妹が心ばかりの見舞のつもりで置いたのであろう。

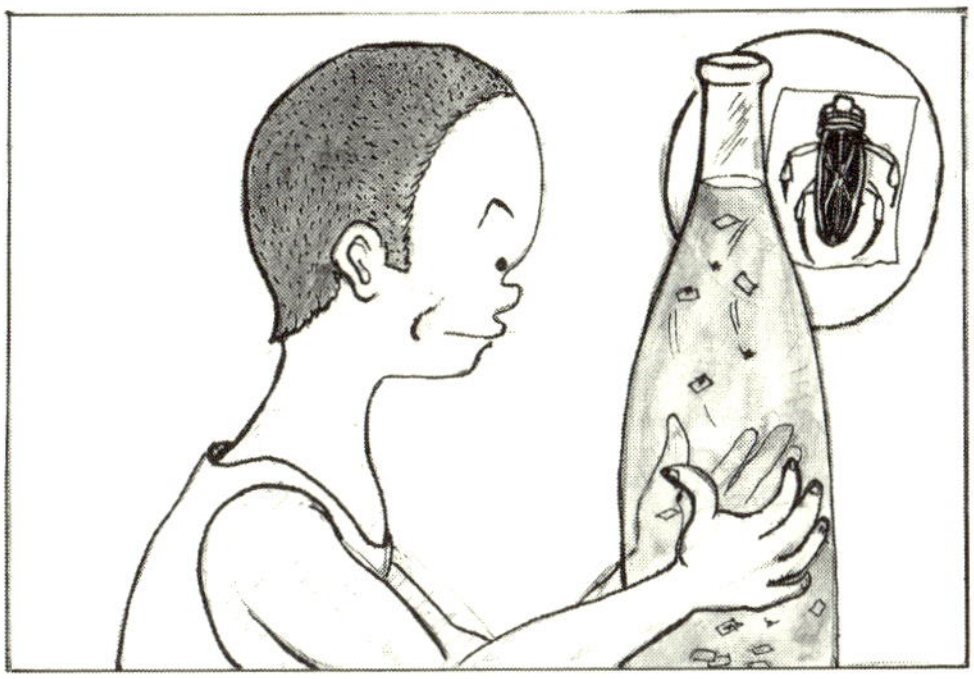

　私は熱っぽい目でビンの中の風船虫を眺めていると、なぜか熱っぽい目がうるんできた。そしていつの間にかまどろむうちに、どうしたことであろうか、私の体が蒲団ごとふわりと浮き上がって天空を目指して飛び始めた。体のまわりには無数の風船虫が赤や青の旗に乗って宙返り反転する中に、私の体は空に漂いながら、次第に天高く昇り、それはかぐや姫が天国に去って行くようであった。

　私は驚きそして恐ろしくなった。

　　アアどうしよう、どうしよう

　と、いらだちながら蒲団から身を乗り出すと、大きな風船虫が縦横に行き交い、視界を遮りながら下界を見ようとする私を邪魔をした。それでもやっとの思いでかい間見ると、豆粒のような家並みの間から兄と妹が叫びながら手を振っていた。私は恐ろしさのあまり、

助けてくれ！

と叫んだとたん、蒲団からずり落ちて、アッと叫ぶなり空をきって落ちていった。気が付くと心配で顔をくもらせた父母と兄妹が見守る中に私は横たわっていた。私は目覚めるが早く、

「オラ飛ぶのはヤダ！　オッカネエもの」

といったそうである。

私は今でも夏に腹をこわすと、ふと少年時代の夢の風船虫を思い出す。だがその風船虫は何処へいってしまったのか！　久しくその姿を見たことがない。何時の日かホタルのように蘇ってくることを願うが、果たしてこんな小さな虫に関心を寄せる人がいるだろうか、さびしく思うことすらある。

# セミ捕り

夏休みの第一日はセミ捕りから遊びが始まった。Y字型に竹を割り広げたものや、細竹を輪に作ってそれを竿の先に刺しこんで、キラキラ光る新しいクモの巣をさがしては竹に張り付けて、神社や寺の樹木のある所に出かけていった。とくに私の土地ではサクラの木の樹液をアブラゼミは好むらしく一樹に十数匹のセミがへばり付き、それが数十本あるから何百匹のセミが鳴き続けて耳をろうせんばかりであった。

それはまるでお寺の大法要の読経の合唱の中にあって、セミ捕りはおごそかな動作をする僧侶のように、そっと立木に近づいてセミを捕えた。ジジと鳴きながらクモの巣にからまり暴れるセミをつかまえる感触は何ともいえぬ喜びであった。時には迫るクモの巣をさとって飛び立ちながら、上向きにセミをにらんで大きな口を開けた顔に小便をかけられて、クシャクシャと顔を拭って、いまいましくなることさえあった。

夏休みが二日三日めとなると、セミ捕りの友達がふえてきた。それだけクモの巣が見当たらなくなり、仕方なく駄菓子屋で水瓶のトリモチを買う子や、モチ作りに専念する子もいたが、母にねだって作ってもらった古手拭のセミ捕り袋は、どんなにかうれしかったことか、一夏中手放さずあちこちと走り回ってセミ捕りをしたものである。こうして捕ったセミ数十匹をどうしたのか、甲虫のように弄《もてあそ》ばれることもなかったが、思い出すと羽根を千切って畳の上に何匹も放ったり、お尻に草を刺したり、糸を付けて飛び放した。さらには残酷にも片目をつぶして飛ばすと、クルクル回って水の中にポチャンと落ちた。それでも毎日の午前中はセミ捕りに夢中であった。

ある日、セミを佃煮にするくらい捕って帰る途中、俳句をやっている豆腐屋のおじさんが、セミという名はどうしてセミなのか教えてくれた。それは大きな目玉で背中を見るから背見《せみ》だといった。それならカエルも同じじゃないかと問うと、カエルはかならず巣に帰るからカエルで目玉でないといった。へーなんでも都合よく名前があるものだなと思った。

後々に知ったことだが、セミとはセンセンと鳴く声から名付けたらしく、センが訛《なま》ってセミとなったようである。センと鳴くセミをさがすとクマゼミであるから、クマゼミはセミ名の代表者であるといってよいであろう。また他のセミもその鳴く声の特徴による名で、ニイニイと鳴くニイニイゼミ、油でいためるようにジージーと鳴くからアブラゼミ、ミンミンゼミ、ツクツクホーシ、カナカナ（ヒグラシ）などと標準名もみな鳴く声である。クマゼミも鹿児島の方言でセンセンセミというそうでセミの方言はさらに地方性があってなお面白い。

いずれにしてもセミ名はやかましく鳴く声の印象からのもので子どもにとってその声でセミの種類を知り、捕獲欲がますます旺盛になるが、大人たちは何てうるさいのだろう、と思ったらしくセミをガンガン（京都府相楽郡）、ギシギシ（石川）、ギリギリ（千葉）と呼ぶたくさんの方言がある。

ファーブルの『昆虫記』によると、ファーブルがやかましいと思ったのだろうか、実験的に村の大砲をセミの鳴く林で発砲すると、飛び立つどころか依然として鳴き続け、鳴く位置も変えなかったそうである。

こんな性質の虫だからなのか、わが国の昆虫薬のセミ（空蟬）の効能は耳の薬が多い。類をもって類を制するものなのだろうか。もっとも、古代西洋の医薬に、「セミはこれを炙《あぶ》って食すれば、腎《じん》の痛みに妙なり」とあり、セミがもらす小便から利尿剤が作られている。洋の東西、人間が病気を治したい願いは同じようなものだなと思った。

ところが薬でなく、アリストテレスによると、ギリシアでは珍重した食物であったとセミを讃えている。わが国でも長野県で食用にしていたと聞くが、その味を私は知らない。わがファーブル先生によると、エビの味がするが、羊皮を嚙むようであるという。もちろんそのセミは七年も土中にいた母ゼミが地上に出たのをすぐ捕え食することである。

子どもはセミをいじめ、大人はこれを食する。なんと哀れな虫であることか。そのせいか、このごろのセミはヒステリックに鳴き、夜になってもさらに鳴く。公害のせいか螢光灯のせいか、頭がおかしくなったのかも知れない。

# 穴ゼミ釣り

夏は暑い。暑いからお米がとれるのだとお百姓のおじさんがいったが、やっぱり暑いとやりきれない。

たまらないから毎日パンツ一つで朝から夕方まで川で水浴びをしていたり魚とりをして、そのうえ夜になると暑い暑いといって寝間着をはだけてあばれ寝するから、とうとう寝冷えをしてしまった。そんなことから朝から気分がすぐれず、一日中家の中でぐずぐず過ごしていると、日ごろ出かけてばかりいたので気がつかなかった家の周りで、ある発見をすることが続出した。

それは縁の下のアリジゴク、庭のサクラの下の穴ゼミのあな、それからハチやクモのすみかなどである。なかでも穴ゼミの穴に小枝か松葉をさし入れて、穴ゼミをつり上げるのが面白い。つり上げた穴ゼミをどうするかというと、それをザルやカゴに入れて覆いをしてから、そっと廊下のすみにおく。朝早く起きて幼虫からセミに脱皮する光景が見たいからである。

ところが今日こそは！　明日こそはと早く起きてそっと見るのだが、いつもセミになる瞬間が見られない、見られないから幾度も穴から幼虫をつり上げて、やっとその脱皮の光景を目撃したときは、寝冷えの体もすっかりよくなった。

このごろ、こんな遊びをする孤独な子ども遊びはなくなった。それというのも生活環境周辺は、アスファルトとコンクリートばかりで、土の広場がないからである。

# 地グモの切腹

終業のベルが鳴った。それでも国史担任の岸先生の口からアワを飛ばしながら語る、護良親王《もりながしんのう》の身代わりに自刃する村上義光《よしてる》の件《くだり》は、とどまることを知らなかった。

義光は二ノ木戸の高やぐらに上がり、身をあらわにして大音声を上げて名乗りける、われこそは後醍醐天皇第二皇子、大塔宮《だいとうのみや》護良親王なるぞ！　逆臣のために亡され、ただ今自害する有様見おいて！というなり鎧を脱いでやぐらの下に投げ落とし、小袖を押膚脱《おしはだぬ》いで、白い膚に刀を突き立て、左の脇より右のそば腹まで真一字に掻《か》き切って、腸《はらわた》をつかんでやぐらの下の敵に投げつけた！――

（『太平記巻七』）

ここまで早口にたたみかけて先生は、急に力を落として「きょうはこれで終わり」といった。

勉強の出来る子も出来ない子も、先生の語り口に魅せられて、しばらくは水を打ったようにシーンとしていた。そして型通りの「起立！　礼！」がすむと、やっとわれにかえった私たち生徒は、急に解き放されたようにさわがしくなった。あっちでもこっちでも椅子に片足をのせて、鉛筆を腹に立て「ワレコソワ……モリナガシンノウナルゾ！　ハラカッキッテ……ウンウン」と先生の語りを真似て、だれもが村上義光と護良親王はどうなるかな！　といって、興奮がなかなか冷めなかった。それは連続ラジオ放送の夢声が語る宮本武蔵や黄金バットの紙芝居にも似た気持ちで、来週の国史の時間が待ちどおしかったからである。

この授業があった翌日のことである。多賀谷という友が校舎の裏から地グモを獲ってきて教室に持ち込んだ。そして左指先で地グモの腹背をつまんで鉛筆の先でクモの頭を腹に押しつけ、義光どの護良親王の身代わり忘れたか！　などといってからかうと、地グモはせわしく動いたかと思うと見事足の爪先で腹をかき切った。まわりをとり囲んだ他の者は、やんやの拍手をして大笑いをした。

地グモとは、空中に網を張って獲物を捕るクモと異なり、板塀や木の根元に管状の袋を地上から地下に深く作って暗黒の生活をしているものである。そして地上の袋に虫がとまるとその振動で、地底の袋から急いで這い上がり、袋の中から虫に牙を突き刺して弱らせて、袋の中に引きずり入れて地底に置き、再び地上に上がって袋の穴を修繕してからゆっくりと虫を食べるクモである。子どもたちが地グモを獲るのはこうした習性を利用してだまし捕えた。まず地上の袋を発見すると、虫の代わりに袋の口を振動させて摘み、

地グモ　地グモ

天上に火事があるから水もって上がれ（群馬）

などというと、地グモは虫が付いたと思って下の方からゴソゴソ上がってくる。すると地面の所で袋を摘みとると、出られない地グモは袋の中を激しく動き回る。ヒバリや子スズメを捕えた時などはこのまま生餌《いきえ》にして私たちは与え育てたが、ヒナが死んだり逃げたりして地グモ獲りは久しく忘れていた。ところが国史の時間の義光の切腹のことから急に、下校時の神社の裏や路地の板塀などに、地グモを獲って腹切り遊びをする道草の子がふえた。もちろん私もその一人であったことはいうまでもない。

こうした、クモを弄《もてあそ》ぶ子どもの遊びは、古くは江戸時代の『嬉遊笑覧《きゆうしょうらん》』などに記載されてあるところから、単に芝居や物語ばかりでなく、切腹というものが身近にあったころからのものである。そして多くの子どもたちが武士の切腹に強烈な印象をもち、さらに遊びを興奮させた。このようなことから、地グモはカンペイグモ（忠臣蔵の早野勘平の切腹から＝千葉）、サムライグモ（神奈川県津久井）、ハラキリムシ（福島）などと名付けられたのであろう。

クモの遊びは、このほかにクモの喧嘩などがあるが、

これはクモの大半が幼虫から社会生活をせず、孤独で排他的で二匹が相寄ればヒステリックに闘争する、こんな自己本位の生態を利用したものである。俗に「クモの仲間」といわれるのは、こんな生態からなのであるが、なぜか現代の人間社会に時おり起こる現象と非常に似たところがある。

その点、地グモはクモ族には珍しく夫婦仲がよく、いつも住居は清潔で人間のように公園や観光地で食べかすを食い散らかすようなことは絶対しない。

私は地グモの生態を知ってから、幼いころ無理に責めたてて自害させたことが、悪代官のような気がして哀れでならない。

# ホタル狩り

小学校の卒業式にうたう「螢の光」は、幼きころの思い出と郷愁をさそうもので、だれ一人忘れることの出来ない歌である。この歌詞のホタルは中国や台湾にいるタイワンマドホタルらしく（光が強い）、福建省生まれの車《しゃ》胤《いん》が幼いころ家が貧しくて灯油が買えないために、ホタルをたくさん捕り集めて、その光で続書《つづけがき》をして艱難辛苦《かんなんしんく》の末に出世したという故事からとったものである。

この話を学校で教わった私は、早速ホタルを大量に捕ってためしてみた。ところが全然本が読めないので、翌日学校にいって先生にこのことをいうと、それは物のたとえで、如何に貧しくとも学びたい心があれば、どんな明かりでも本を読み学ぶことが出来るという意味であるといった。私は、へーなんだ！　つまらない、とひそかに思った。

後年私と同じように幼いころホタルを集めてためした人々に時おり会い、懐古談にふけるが、それぞれに何故ホタルの尻が光るのか！　不思議でならなかったと話をしていた。現代ではこの発光のしくみはあるていどわかってきたそうであるが、もしこの原理がわかって人工的に可能になれば、熱のない光が発明され、エネルギー問題の先ゆきが明るくなるだろうと思うが、はて何年先になろうか。

こうした発明の発端は、童心の何故光るのかという素朴な疑問が科学につながるもので、それを光るのが当たり前だと決めつけると、その時点で科学的でなくなるが、科学の進んでいない昔は、不明であることはすなわち神秘につながり、源頼政の怨霊《おんりょう》がホタルに化したり、和泉式部の歌のように、

　物思へは沢の螢も我身より
　あがれ出づる魂かとぞ見る

ということになる。ましてや子どもたちにとって、精霊迎えのころ、迎え提灯を下げて墓に近づくと、草葉の陰からスルスルと現れて飛び去るホタルは気味の悪いもので、

ホタルこい　山伏こい
阿弥陀の光でみんなこい（三重）

などと恐れつつ呼んでは捕え、仏の御霊《みたま》とともにもち帰って供養した。

これはヘイケボタルのことで、ゲンジボタルのように梅雨時に現れるホタルは「蓑笠《みのかさ》着てこいこい」と正月様を迎えるように呼ぶ所すらある。このようにホタルの光に畏《おそ》れる半面、陰暦七十二候の「腐草化して螢となる」という考えから、単なる光る虫となり、それを戯化して「ホタルの親父は金持で」とか「頭に赤帽子かぶって尻に提灯下げて」などとたわむれる唄に変化してくる。そしてさまざまに歌詞が変えられたホタルのわらべ唄は、動植物をうたった中で首位を占めるほど数多い。

私のホタルの思い出は、この小文では語り尽くせないほど数々あるが、ホタル捕りといえば、まず雨の降る農家の納屋で麦藁《むぎわら》を切り取ってホタル籠を作ることから始まった。時には駄菓子屋で売る経木を丸輪にして蚊帳布を張ったもの、または紙袋であった。そして容物《いれもの》が出来ると待ち遠しかった夜がきて、みんな湯上がりの浴衣を着て、ホタル籠を腰につけて箒《ほうき》や団扇を片手に暗やみに消えた。あっちでもこっちでも、小川や田んぼのへりで、

ホーホー　ホタル　こい　やまぶきこい
行燈《あんど》の光に　また　こい　こい

と、ホタルを呼ぶというより、暗の中で子どもどうしの所在を確かめるようだった。だから小さい子はよく怖くなって泣き出した。

私はそれがいやなものだから、妹や弟をよく置き去りにして家を飛び出した。そんな時ほどヘマをやって、蛇の目をホタルと間違ったり、下肥溜《だめ》に落ちて、臭気プンプン黄金に彩られた姿で家に帰り、母に目ン玉が飛び出すほど叱られた。

ホタルのことで今でも忘れないのは、兄と二人で蚊帳

を張り、ホタルを数十匹放して蚊帳の中に仰向けに寝た。そして一番星見つけた！　二番星見つけた！　と遊んでいるうちに、何時の間にか寝入ってしまった。翌朝ホタルのことをすっかり忘れて蚊帳をたたみ込み、夜になって母が蚊帳を張ると、西瓜の種のようなホタルの死骸がシーツにバラバラ落ちたので、こっぴどく叱られた。いつもいつも叱られて、ほめられたことのない私だったが、蚊帳の中で見るこの世とも思えぬ幻想的な世界に浮遊した気分や、暗の中でホタルをネギ坊主を包む薄い包葉の中に入れたあのすばらしい青い光は、自然とともに育ったものでないと知ることの出来ない感激と美意識であった。

最近では絶滅したと思ったホタルが、あちらこちらの山野にわずかであるが蘇《よみがえ》ってきたことはうれしいことである。それだけ農薬や自然の汚濁に人々の関心が高まったともいえる。もっともっと子どもの住む所にホタルが増えて欲しい。そして「螢の光」が空文でない実感のこもった歌になって欲しいと思う。

# コウモリ落とし

大人の世界でも、あっちの派閥、こっちの派閥と自分の都合のよいことばかりすると、他人に信用されないどころか、
「あいつはコウモリだ」
と軽べつされるが、子どもの世界では特にこういう人間はきらわれた。というのも子どもは大人のように欲張りでないから、いつも正義が輝いていて、自分たちの遊び友達を裏切るようなことはしなかった。それというのも、裏切ることがどんなことか、動物たちが教えてくれたからである。そのなれの果ての証拠は、昼と夜の動物たちの生活のなわ張りの透き間に飛び出してくる、コウモリたちのせわしい生活を見ていたからである。

コウモリこ、コウモリこ
汝《なれ》が草履は　糞《くそ》草履
俺《おれ》が草履は　金草履
欲しけりゃくれべえや（群馬）

薄暗くなった夏の夜の裏道で、草履を投げあげるとコウモリはえさだと思って食いついてそのまま落ちてくる。なんという軽べつを含めたわらべ唄であろう。

金の草履といえば、なりふりかまわず飛びついて、ついにはたたき落ちる……どこかの政治家のようだ。

子どもたちは面白がってこの裏切り者のコウモリを捕え、羽根を左右に広げてしげしげとながめては
「ボクはネズミだよ」
「本当は鳥なのさ」
なんて威張っていたコウモリがにくらしくなり、羽根を広げてくぎをさしてはりつけにした。

最近ではコウモリは少なくなった。同時にいろいろな自然の教えも子どもの遊び周辺には少なくなり。残念なことである。

# 秋・冬の自然遊び

# イヌタデとママゴト

イヌタデはタデ科の植物であるが、食用になるタデと異なり辛味がなく刺身のツマにもならぬことから、犬という動物の頭名をつけられている。この草は全国にわたって路傍やひなたの空地などに自生し、晩夏から秋深く霜の降る季節まで紅紫色の花穂が咲きつづける。子どもたちが秋草の中にこれを見つけて木陰で遊んでいたママゴトの季節から、ひなたを求めて莚《むしろ》などをひろげる秋日和まで、イヌタデは至るところに生えており、ママゴトの材料になった。それも赤飯に似たところからアカマンマと呼び、なくてはならぬ花であった。

さて、この花穂がアカノマンマ、オコワクサ、アズキノマンマなどと各地の子どもに呼ばれながら、ママゴトの材料に愛用されはじめたのはいつごろからであろうか。

私がママゴトとイヌタデのつながりに関心を持ったのは、こうした幼い年齢になると、昔、年長の女の子が遊んだ内容と異なり、本物の火と材料を使う煮炊きがまかせられなくなって、そこから、イヌタデの花穂を赤飯の代用としたのではないかと推察するからである。それまでの形が赤飯に似ているからという意味の草の命名から変じて、幼い子らの食欲の仮託を意味する愛用の草として、アカマンマ（イヌタデ）は子どもの遊びに登場した

イヌタデ
（村越三千男『大植物図鑑』）

のではないだろうか。

　現代では、赤飯といえばデパートの食品売場や餅菓子屋でいつでも買うことのできるもので、さしてめずらしくもないが、私の幼かった昭和十年前後の地方都市（人口五万）では、赤飯というものは、ふだん店屋では売っておらず、祝祭日以外には食べることができなかった。それでも時折、新生児の宮参りの神社の境内でとか、御祝儀のある家の前でとか、重箱から箸でふるまってくれる赤飯を食べることがあった。また時には屋台車の上にせいろをのせて赤飯売りという物売りがやってきたが、大きな杯一パイの赤飯が一銭、あの熱い蒸したての赤飯を息もつかず食べた味わいは、今もって思い出すと頬っぺたの落ちるほどうまかった記憶がある。こんな私の体験からも、赤飯といえば餅と同じように祝祭日を連想し、常日頃は食べるものでないという習慣が根強くあったがために、ママゴト遊びに赤飯を食べたいという幼児の夢がイヌタデに託されたことはたしかである。また同じ意味で、親たちも、お祭りがきたならば、たんと食べさせてやりたいと、ママゴト遊びを見るたびに思ったかもしれない。そんな親の思いは、早く寝なさい、眠ったらあしたはいいものをあげよう、と子どもをなだめすかす子守唄にもなった。

　里のかえりに、何もろた
　でんでん太鼓に、笙の笛
　赤いまんまに、魚《とと》かけて
　さァくりさくりと呉《く》れんべなァ
　したから、泣かねで、ねんねろやァや

（会津、高田町）

　これは赤飯ばかりでないが、祭日でないと食べられぬ小豆《あずき》餅、橡《とち》餅、砂糖をつけた餅など、目が覚めたなら、うまいうまいものが食べられると、夢にさそわれて幼な児は眠った。

　こうした赤飯に対する連想から、地方の子どもたちはイヌタデにどんな名をつけていたであろうか。『日本植物方言集（草本類篇）』（日本植物友の会篇）によると十九例のうち十例が赤飯系である。

アカノママ　新潟市
アカノマンマ　神奈川、静岡（富士）、愛媛（東宇和）、鹿児島（姶良）
アカマキクサ　富山市
アカママ　和歌山（和歌山市、海原、那賀）
アカマンマ　埼玉（北葛飾）、東京、神奈川（川崎市、平塚市）、鹿児島（姶良）
アカメマンマ　静岡（富士）
オコワクサ　新潟、群馬
オコワノクサ　群馬（山田）
オコワバナ　新潟、群馬
アズキノマンマ　盛岡市

この中にまだ入ってないものもあるが、未確認なので割愛させていただく。私の郷里（栃木）ではオコワグサと呼び、またカジクサともいって、これを持って便所に入ると火事になると、子どもたちはいった。

アカママはかならずしもイヌタデに限られたわけでなく、タデ科の植物全般に共通する花穂で、大ざっぱにいうと、食べられないタデ科の草はすべてイヌタデという所もあると、知人から聞いた。また、ハルタデを和歌山の有田ではアカマンマと呼び、同じ和歌山（那賀）では、タデをアカママクサ、新潟（刈羽）ではオコワバナといっている。

川原飯、盆飯、辻飯などという村の公務であったものが、次第に衰えてママゴト遊びの年齢が低年化すると、食べられる物を遊びの中で作ることがなくなった。そしてアカマンマのような草や草の実、木の実などを材料として、子どもたちの考える御馳走の印象を再現した。もちろんこの時期に至ると、ママゴトのそもそもの発生の意義は薄れて、形骸の名称のみとなり、同時に遊びの内容も逐次改良されて、ただの御馳走作りごっこの遊びとなった。こうした変化は都市が早く、次第に地方に広がり、農村地域はもっともおそかった。そのことは、延宝八（一六八〇）年の『俳諧江戸弁慶』（池西言水著）に収められた重陽の節供の句に、

まま事や貝から咲きしけふの菊　　水流

とあり、これは貝殻に花をさし、おそらく残り菊でママゴト遊びをしている子どもたちを読んだのであろうと思われ、江戸の町のママゴトがすでに貝殻などを使用するものとなっていることからも知ることができる。お客遊びのゴチソウサンヤッコ、オバチコ、オバゴト、主婦ごっこという意味でオカタサンゴッチョ、飯作りの台所名、オミッチャゴ、エババエゴクなどに移っていったのがこの時期の遊びである。

子どもたちは草で御馳走を作り、お客や主婦の「フリ」をして、食べる「フリ」をした。後には、この遊びに人形を加えて御馳走作りは止めてしまった「姉さまごっこ」という遊びが流行《はや》り、もちろん先鞭は都市からで、時期は江戸も後期のことである。

## 「カリ」の世界に遊ぶ

この項では草と子どもの遊び、とりわけ夢の仮託としてママゴト遊びに愛用されるイヌタデを見つめることに主点をおいた。オランダの歴史学者ホイジンガのいうように「遊戯は（日常）のあるいは（本来）の生ではない」。カ野の草を材料にママゴト遊びに興ずる子どもたちは、カリに遊戯の世界へ没頭しているにすぎない。これが本当の子どもの遊びの世界ではなかろうか。赤飯を食べたいという夢を、御馳走遊びの中でイヌタデをそれに見たてて食べる「フリ」をするだけの食事、本当のものでない「カリ」の世界にひたっている遊び姿を思いおこすと、原始時代の類推魔術につらなる心性を見出すようで、幼な児の神態を見る思いがする。

# ホオズキ遊び

根は先に出えろ　種子はあとから出えろ
坊さん。坊さん。　赤い衣きせて
観音さまへ連れてやるから
早く回りどうろうになれ。

女の子が二、三人集まると、ホオズキの赤い実を手にもってオデコや鼻やホッペまで、ぐりぐりと押しつけながら呪文のようにこんな唄をうたう。すると実の中の種はあちこちと汁の中を走ってすっかり柔らかくなる。それからが大変だ。

実もとのところに針のようなものでちょんちょんと突き刺して、種、汁を出して水洗いする。ポッカリと赤い風船のような実になった。これを口の中に入れ、舌で上あごに押しつぶすとホオズキはギューと鳴る。

こんなにホオズキの遊びを説明しないと、わからないほど、この遊びは今はなく、おばあさんに聞くほかはない。それは海ホオズキも、ゴムホオズキもみな同じ、女の子がギューギュー鳴らす遊びはなくなった。

振り返ってみると、女の子たちが鳴らして遊ぶ面白さに、赤いホオズキを破れないように丁寧に扱い、破れな

ホオズキ
（村越三千男『大植物図鑑』）

いよう祈って願いをかけて――根は先に出えろ……と呪文をとなえて作る。さらには口の中での舌の技、昔の遊びは一つ一つ体の機能を十分働かせた。

季節の訪れをホオズキの赤さに気づき、自然の遊びは、また子どもの手足の器用さを育てたものだった。

# 藁鉄砲

例幣使《れいへいし》街道をはさむように、まばらに立ち並ぶ町はずれは、十五夜を迎える夕方になると、秋の七草や枝付きのクリやカキ、洗ったサトイモを入れた布袋を乗せて町に向かう自転車でにぎわう。それは月見台にお供えするための秋の実りを、町に住む縁故者に分けるという農村の風習であるが、この荷台には一束の新藁が必ずといってよいほど結びつけられていた。新藁がなぜ十五夜に必要であるのかと疑問に思うかも知れないが、この新藁で藁鉄砲を作って地面をたたく子ども行事が私の土地には伝えられていたからである。

一般に藁鉄砲といえば、十月十日の「とおかんや」の夜にたたくのが東日本の習わしで西日本の「亥《い》の子《こ》」と同じようなものだが、八月十五夜に藁鉄砲をたたく土地は他に類を見ない変則的な行事であった。これは十日夜と十三夜行事の混同らしく、昔は藁鉄砲を「ボウジ棒」などといって、ムギや豆を打つ棒打棒《ぼうちぼう》と同じく

「ぼうじぼっくりヤマイモ、オオムギあたれ、コムギあたれ、三角畑《さんかくばった》のそばあたれ」

と唱えて村中を歩いてはたたき、銭や団子を貰ったそうである。私のころは

「十五夜の藁てっぽう、とかん、とかんとよくなーれ」

といって農村ではカキの木のまわりをたたいた。

農村の子でない町の子が、こんな風習を伝承していたのも、町はずれという地域的なこともあるが、カキの根方もモグラや野ネズミを追うでもない江戸時代の菖《しょう》蒲打《ぶうち》のように街の辻でたたいたからである（例、埼玉地方、岡山の亥の子ボテと同じ）。

私の幼いころはすでに行事として末期的であったせいか、十五夜という公然の行事を利用して、日ごろここ ろよく思わぬ子どもどうしの喧嘩であった。そのために

十五夜の日は、昼のうちから農家に出かけて新藁を貰い集め、芋ガラなどを芯にすることなく木杙《きぐい》を芯にして藁鉄砲を作った。大きい子は小さい子に作り方を教えながら、直径二〇センチ太さの巨砲はガキ大将がもち、細く小さいのは幼子がもちドシン、ドシン、タンタンと

「十五夜の藁てっぽう、トカントカンとよくなーれ」

といいながら街道の辻に集まってたたいた。

するとこの声につられて彼方の辻でも他集団が同じようにたたき始め路上で出会うとお互いにたたき競い、その音と砂塵煙がたちのぼり、月見どころではなかった。いつだったか古老がそんなくだらねえことするより、ダンゴでも盗《と》んたらよかんべえといった。するとガキ大将はじめみんなは

「固いダンゴなんか食えねえや、マンジュ（饅頭）ならよかんべ」

といって一蹴した。

藁鉄砲のたたき競いも、なぐりあいもなく一方が勝ると不思議と合流した。そして勢力は次第に増して、喧嘩相手集団を求めて街の中心部へと進んだが、街の中は荒くれ子どもも少ないせいか、猛り心もしぼんでしまった。そして三三五五とつれだって、ボロボロの藁鉄砲を引きずって家に帰り、黒々と月明かりにそそりたつカキの木に登って、その藁鉄砲を枝につるした。

私がこの十五夜の藁鉄砲争いを体験したのは、わずか二、三度に過ぎず、今になって思うと何を楽しみに遊び呆けたのか不明だが、月明かりの神社の森、墓場、そして人気のない裏町を歩き、言葉でいい表すことのできない気持ちと夜の自然美を体一杯満喫したことは忘れられない。

ましてや、遊びに追いつ追われつ走るうち、とんでもない方向にある、かつて街道宿場であったさびれた花街に迷いこんでしまった。その時、客のいない紅灯の家並みの陰で見た、襟足の白い女の人がしのび泣く姿をかわいそうだなと思いながら目がしらを熱くしてじっと見つめていたら、とうとう友にはぐれてしまい、一人で夜道をとぼとぼと帰った。そして歩きながら、さめざめと泣

きくずれる女の人の姿が闇に浮かび、人の世の運命《さだめ》の哀れさを身にしみて、何故か私の目に涙が一杯あふれ流れた。こんなに感じやすかったのは、浪曲を聞くことが好きで講談本を読み過ぎたせいもあったのだろう。

# ネッキ

黄金の穂波が揺れる稲田もすっかり刈りとられてしまうと、こんなに広い田んぼだったのかと驚くほど広々としている。

こうした田んぼは子どもたちにとって、学校の庭よりずっと広く、地面が柔らかで草がチョボチョボ生えているので面白い。

大きい子も小さい子も犬までも陣とりごっこや泥ダンゴ屋さんごっこなど、みんなみんな泥んこになって大さわぎして駆け回る。秋の田んぼは空が青く気持ちがとってもよい。

そんな遊びの中で、いつの間に声をかけあったのか、わんぱく男どもだけはひそかに寄り合ってどこからか棒を抱えて集まった。そして田のすみの水を含んだ柔らかい所に行くと棒を下ろして地面にいくつかの円をかいた。それがそれぞれに棒を持って二人が一組となると棒を円の中に投げて突き刺す。次の者がこの棒をねらって投げ刺す。カチンと木のあたる音がして先に刺した棒が倒れるとその棒は倒した方のものとなる。倒れなければ交互に繰り返し、どちらか倒れるまで投げ合いを続ける。

たくさん勝って棒を抱えて家にかえると母親にふろのたきぎにされてしまうので、ひそかにヤブの中に隠したが、負けるとくやしくて小川の縁ヘリの土止めの棒を抜いたり、サクラの立木を切ったり、どんな木が強く重いか、木の名前まで知るようになった。

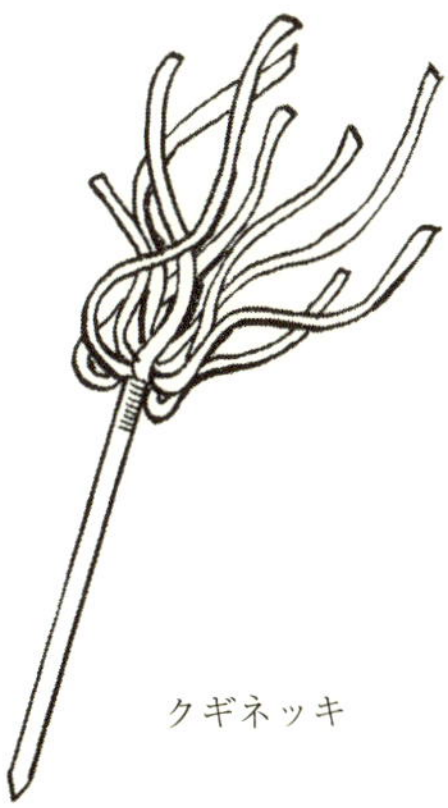

クギネッキ

この遊びを東京周辺ではネッキというが、関西以西ではネンガラ、ネンボウなどといい、東北ではネングイ、コウガイウケ、コギウチなどとさまざまな名がつけられている。のちに五寸クギのクギネッキ、船クギのキンネンなどにもなって町の子も裏庭で遊んだが、このごろでは見かけない男の子の遊びである。

# クリとり

秋の長雨がようやくやんで、すがすがしい秋晴れの上天気になると、日曜日のせいか朝からどこの家の子どもも待ってましたとばかり、籠やかまを持って裏山に出かけて行った。

それというのも裏山には雨が降った翌日にキノコがニョキニョキ出てくるからである。

それにアケビ、山ブドウ、クリなどもそろそろ食べごろであるから、どの子も山道を歩きながら、

アケビやクリはぱくっと割れたかな！

と胸をどきどきさせながら足早に山入りした。

ところがキノコの出そうな秘密のところに行ってかまでツル草を切り分けて探しても、キノコは見当たらない。キノコは長雨でくさってしまったのかもしれない。

それじゃあ仕方がないから、これまで地面ばかり見ていた子どもたちは、今度は一転して空を仰ぐようにアケビの実を探し始めた。ミツバアケビはいたるところの木々にからみついて実がぶらぶら下がっているが、少し色づいただけで青みが残り食べられない。

子どもたちは

「なんだ、まだ早いのか」

とためいきをついた。そして仕方がないから「クリ」を

クリ
（村越三千男『大植物図鑑』）

とろうということになり、クリの木のイガグリを見て、落ちているクリを探した。

そのうち落ちグリもなくなり、青いイガグリをたたき落として両足のつま先で押えて、青竹で突きむくとクリがポツリと転げた。

白いクリは前歯で皮をむき、つま先でシブ皮を削り、口に投げ入れてカリカリ食べた。淡い秋の甘味が口いっぱいにひろがった。

キノコとりはクリとりになり、どの子も口の中はシブだらけになって秋晴れの山を下りた。

# ジュズダマのお手玉

　ジュズダマは仏教の数珠にこと寄せる名で、子どもたちがこの草の実を採って数珠を作り、大人たちの信心の真似をして遊ぶことから名付けられたという。でも初めからこの草が数珠玉と命名されたのではない。仏教がわが国に渡来した継体《けいたい》天皇の御代（五二二年）から四百余年後に刊行された『和名抄』（九三八年）に、ジュズダマを「ツシタマ」などと記述されており、『新撰字鏡』（九〇一年）にも「タマツシ」とあり、すでにジュズダマ以前にいくつかの名と習俗があったらしい。その意味でジュズダマは、仏教が諸国のすみずみまで普及した後のちの命名であると思う。

　ジュズダマは道端や水辺に生える草で、同じイネ科のハトムギ（一年草）に似ており、土地によってはハトムギとジュズダマを混同していることもあるが、ジュズダマは多年草で根株が強く野生だ。というわけで、至る所に生える。実は、硬質で光沢がよく宝珠の形をしており、雌しべの抜けた所に糸を通す穴が自然に出来ているので、簡単に実をつらねて、首飾りや数珠を作れた。だから、子どもでもとくに女の子にとってはなくてはならぬものであった。夏の盛りに雑草を刈りとる時など、こうした子ども心を大切にする親たちは、わざわざ二、三株のジュズダマ草をとり残したほどである。

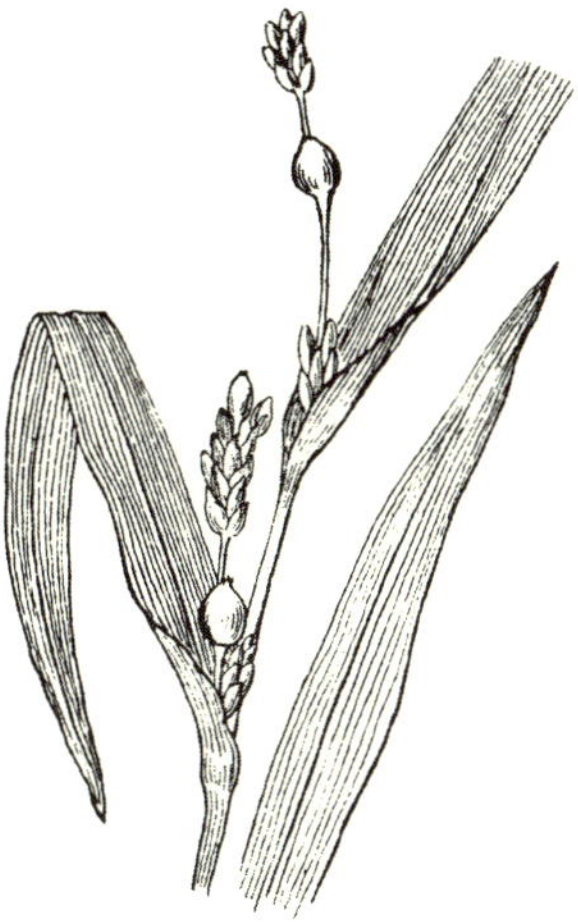

ジュズダマ
（村越三千男『大植物図鑑』）

　秋深くなってカキの木にモズが激しく鳴くころ、とり残したジュズダマは野にすっくと立ち、実は緑玉から黒まだらに変化していた。子どもたちはこのジュズダマとりに集まり、前掛を広げてその上にジュズダマ草をのせてゆすった。ポロポロ落ちる実はヨーロッパで「ヨブの涙」というが、本当にヘブライの族長が苦難に耐え忍んだ涙のようであった。子どもたちは集めた実をもち帰り、穏やかな秋日和の縁側に実を広げて、烏貝《からす》ですくうジュズダマすくい、オハジキ、穴落としなどのゲームに夢中になって遊んだ。大きい女の子は子守をしながらお手玉作りに針を運び、首飾りを作り、細い針金を通してジュズダマ籠を作って楽しんだ。

私の母なども小さい妹のためにお手玉をよく作ってやっていた。そしてジュズダマだけだと軽いといって小石や足袋のコハゼを入れては

「新徳丸は可哀そうに継母さまに祈られて、ふた親さまがあったなら、こういう思いはしはすまい、三つの時に母さまに別れてゆくのは辛いもの」

などと両手で玉を投げ上げたり片手で四つもクルクルと投げ上げた。

そんな母も妹が学校にいくようになると、お手玉は自分で作るのだと教えた。女としての手先の仕事は遊び具作りから習わせようと考えていたのであろう。お手玉もその一つで、母から娘へ、さらにその子へと、針を運ぶことから遊び技やお手玉唄を、遊びの中に手先の器用さと情感を養う伝承があったからである。

それはジュズダマのない都会地でも、小豆を入れたお手玉があった。昭和五〇年頃、東京の下町のＰＴＡで私が講演をした時のこと。中年の婦人が、戦争中食糧難で苦しんだころに、女としての初潮を迎えた。母は祝いの赤飯をたきたいが小豆がないために、お手玉の小豆を半日も煮て、わずかな赤飯で祝いをしてくれたと語った。その婦人は当時を思い出しつつ涙をいっぱい浮かべて、お手玉は忘れ得ぬ亡き母の思い出ですといっていた。お手玉はまさに母と娘との伝承であった。

ジュズダマは女の子の人間形成期に果たす役割の遊び具であり教育材だった。だが現在はお手玉遊びがなくな

り、ジュズダマをとる子もなく、北風にパラパラとむなしく散り落つるばかりのこのごろである。

# ジャノヒゲの鉄砲玉

雨だれの落ちる所や、花壇や溝の縁などに、常緑で細い葉の草がよく植えられている。これはジャノヒゲまたはリュウノヒゲというヤブラン科の多年草だが、髭のないヘビに、髭というのはともかく、龍の髭とは、この草の葉の茂る様から、寺院にある仏法守護の龍の天井画がしのばれて、よくぞ名付けたものと感心する。

ところがイネ科の草でタツノヒゲというカモジグサの葉に似た草があり、私はひところ、よく混合したことがある。もっともこの草はノスズキともいわれ、草の葉が髭ではなく、花穂が髭のようなのである。空想の動物、龍の髭もいろいろと各時代の様式の違いがあるから草の名もややこしい。ジャノヒゲをジジヒゲ（埼玉）といったり、ジョウガヒゲ（島根、山口、関西、四国地方）といっている所もある。爺々《じじ》も尉《じょう》の髭もお目出たの高砂の翁《おきな》の髭で、

若葉より名はふるめかし尉が髭　常信

という句があるくらいで、龍や蛇虺《だき》（ヘビとマムシ）の髭よりも翁の髭の方がどんなにか身近で縁起がよい。またこんもりと丸く生い茂るから、テンマルクサ（山口）、禿《かむろ》の髪のようだからカブロクサ（和歌山）と、その振り乱した髪に似たところから名付けた地方もある。そして晩夏になると、その乱れ髪の草にカンザシのような茎を出して紫がかった小さな花を付け、やがて花が終わると薄緑色の実玉が出来て、日毎に碧色になってくる（実でなく種子が露出したもの）。

この碧色の玉もこの草の名の特徴を表すもので、とくにエナメルのような艶はまるで瑠璃玉《るりだま》のようであることから、ビードロ（山口）、クスタマ（薬玉―京都）などと、

草の名となっている。しかし、何といってもこの玉をフクタマ（和歌山）、フキダマ、ミフキダマ（奈良、兵庫、三重）といって草の名として残っているのには驚いた。御吹玉とは、古代の玉造部が硝子玉を吹いて朝廷に奉ったことが『延喜式』などにあるが、この硝子玉は、つまり御吹玉なのである。

　このようにジャノヒゲの葉は、高砂の翁の髭になり、その実玉はビードロ、御吹玉などと子どもたちの遊び名には縁遠い結構な名を付けられたが、やはり遊びにも活用されている。この実をとって皮をむき、地面にたたきつけるとよくはずむので、ハズミタマ（熊本）、ツンツンタマなどといって、女の子が玉取りごっこのゲーム遊びをする。男の子はこれをテッポウタマ（滋賀）といって、紙鉄砲の紙玉に代えてこの実をつめて撃つ。口の中に紙を入れて噛む玉よりも、この実は一定の大きさであるから簡単に玉ごめが出来るので面白く、私なども夢中になって実をとり集めてふところに入れ、友達と二手に分かれて撃ち合いごっこをしたものである。

　そんな幼いころの遊びを思い起こすと、ジャノヒゲの実の臭かったことが急に鼻先をくすぐり、それまで忘れていた故郷のジャノヒゲ玉の方言を思い出した。それはチンコロタマといって、カワヤナギ（ネコヤナギ）の花穂をチンコロということと同じく、背の低い人の悪口でもあったから、とたんに音やんという背の低いお百姓さんを思い出した。

　初霜の降るころで、音やんは自作のダイコンを大八車に乗せて、梶棒につり下がるように車を引いてきては街

ジャノヒゲ
（村越三千男『大植物図鑑』）

角で商いをしていたが、ある時、性の悪い子二、三人が、

「チンコロメンタマチンコロ小人！」

とジャノヒゲの玉を投げつけた。ダイコンを買いにきた他家の母親が、音やんに代わって子どもを叱り飛ばし、

「音やん、気にせんでな！」

といった。音やんは
「おかみさん！　ええじゃねえすか子どものことですけえ」

と黄色い声でいいながら、つり銭を渡したが、なぜか顔を上げなかった。そばでこの様子を行きずりに見た少年の私は、いたたまれず、駆け足で去ったことがある。

植物の名は時として人をあざけり傷つける名となることもあり、ジャノヒゲの植物方言には、あの美しい碧色の玉も、いまわしき玉の名と変身することもある。

# カキの葉人形

家並みの続く都会を離れて郊外に延びる電車に乗ると、車窓の風物は少しずつ季節感を取り戻してくれる。特に秋の夕日に照り映える農家の庭先に、カキの実のたわわに実るさまは、日本ならではの風景で、思わず幼かりしころの郷愁をひとしきり感じる。

ところが、ここ十数年来、カキをとる子ども、食べている子どもの姿を、カキの木の下に見たことがない。それどころかこのごろでは、カキの実をすっかり落とし終えた木を見たことがなく、車窓に映るどの家の木も実は熟しきってポタポタと落ち、カキの実のへたが点在する木ばかりである。

カキはすっかり忘れられた。なによりも子どもたちから忘れられたことが、カキにとって寂しいことであろう。かつて十五夜の月見が近づくと、早生《わせ》ガキは甘くなり、その甘ガキを求めて子どもたちは群がりとった。大人がとって食べていいといっても、とってはいけないといっても、おかまいなく子どもたちは地域の中で順に甘くなるカキを求め歩いた。そして時には盗んで食べた。そんなカキの実ほど甘かった。

季節季節に草木の実をとって食べる遊びは、求め歩くことで自然の移り変わりと植物の成り立ちを知る遊びの暮らしがあったが、このごろではカキやクリ、アケビ、イチゴなどとって食べることよりも、お金でお菓子のように買う時代となった。

開発で自然がなくなったというが、自然があっても自然の理解なく、心の底から自然が失われてきたようである。

カキの木は寂しく実をならし、やがて落ちてゆく繰り返しのなかに次第に姿を消すのだろうか。

### カキの葉人形

霜がひと降りあって、取り残されたカキの実が見張り役のようにこずえにポツンと秋の日に映えるころは、残りわずかなカキの葉はにしき織りのように見事に色づいた。秋も終わっていよいよ冬の到来だ。

そんな秋日和の澄み切った青空に、モズの激しく鳴く声と子どものかん高い声があたりにときおり響く、穏や

かな静かな日本の秋だ。

子どもたちは、庭先の片すみで、日だまりのカキの木を背にムシロをしいて遊んでいる。真紅のカキの葉を一枚二枚と拾っては人形作りに余念がない。

このカキの葉人形を子どもたちはジョンジョ（人形）などといって、春先に野に出て作るカンゾウの葉の人形と作り方は同じだが、カキの葉人形は幾重にも重ね着した襟先は十二単衣《ひとえ》のようにあでやかで、真紅の衣はお姫さまだ。そしてときにはドングリにマッチ棒を刺して人形の頭にしたり、小菊の花を頭にして、ちゃめっ気なお姫さまをずらりと並べて遊んだ。

こんな秋日和のカキの葉遊びも、このごろでは見向きもされなくなった。それはイチョウの葉もカエデの葉も同じことで、一枚の木の葉に美しさをめでる余裕がなくなったのだろうか。季節感と自然の移りを体得するこうした遊びを再認識して欲しい。

## 干しガキ

おばあさんがむいた渋ガキが軒先にずらりと竹ぐしに刺されて干されると、おみこしの玉すだれのようで、ぱあっとあたりが明るくなって、甘い香りが漂った。

初めはむきたてでみずみずしく明るいダイダイ色だったものが、日がたつにつれて水分がとれ、表面が赤くなり、やがて黒くなると甘くおいしくなる。

この間、子どもたちは馬の鼻づらにニンジンをぶら下

げられたようで、食べたいが食べられない。干しガキが干されるのは残酷な感じさえした。

　特におばあさんの特製の干しガキを見たらたまらない。大きいカキをむいて荒なわに差しはさみ、ころよい干しあがりで、おばあさんは干しガキをもみほぐすから柔らかく、中身はどろりと糖蜜のように甘い。子どもはこれを見るとつばをごっくんと飲み下してにらんだ。

　ある日、兄ちゃんは宿題を終えると縁側に出てからいつものように干しガキをにらんだ。そしてふと干しガキを数えたら九個ずつ刺してあるのに十個の列もある、いや十一個のくしもあることを発見した。この余分なものをとって均等にしても不思議がられまい。それにおばあさんはあわてやさんだから、きっと気づかないだろうと思うと、やもたてもたまらない。

　あたりを見回してから干しガキ一つをとると、急いで勉強部屋に走って食べたら、ほっぺたが落ちるほどおいしかった。それから同じ気持ちでがまんしている弟や妹に内証で分けてやった。

　翌日、縁側で干しガキをもんでいるおばあさんのところにやってきた小さい妹は「兄ちゃんの干しガキもおいしいよ」といったのでばれてしまった。

# コオロギの音

東京の渋谷にあるデザイン研究所に講義に出かけたおり、校舎の片すみでコオロギが鳴いていた。こんなコンクリートジャングルの中で、秋を忘れず鳴くコオロギを思うと、この虫のバイタリティに敬服せざるをえない。このコオロギはチチチチと鳴くからオカメコオロギらしく、さすがに自然の棲息を必要とするエンマコオロギの美声は聞くことが出来なかったが、きっと彼方のオリンピック競技場跡の草むらで鳴いていることであろう。

嫌いな人がないくらいコオロギ科の虫の声は好まれるが、私はエンマコオロギの玉を転がすような美声は、鈴虫よりもとくに好きで、この文を書いている時も、窓下でツヅレサセコオロギがリ、リ、リ、リと鳴き、そのバック音にチチチチとオカメコオロギが続き鳴く。そして四メートル離れた庭先の石垣で、わがエンマコオロギがコロコロリーと縄張りを誇示する特上の美声で鳴いたかと思うと、しばらくたつと短く大きく喧嘩鳴きをする。その変化に耳を傾けると、思わず聞きほれてしまう。こんなに美しい虫の音色の合奏は、外国にいったことがない私ではあるが、日本ならではの風情でないかと思う。

日本では昔から「虫きき」といってこうした虫の音色に心寄せた歴史は長く、数々の詩歌に記されているが、これは一部階級のみでなく庶民の心情にまで広がるものであった。ましてコオロギは（古くはキリギリスといった）庶民的で、江戸時代には虫売り屋の「目玉商品」であっ

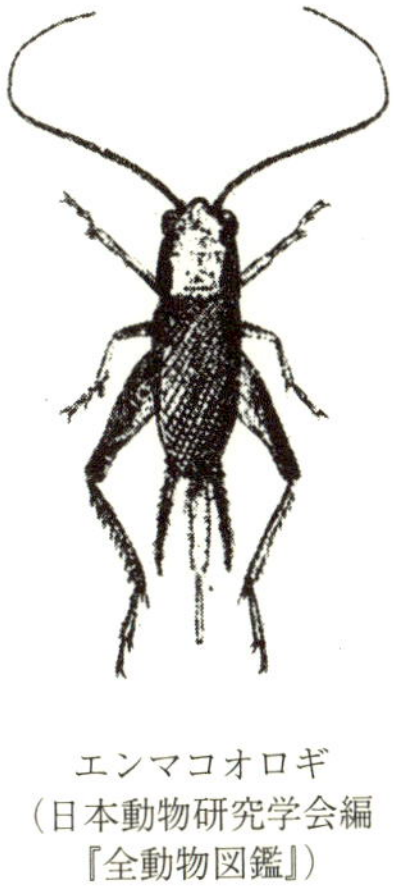

エンマコオロギ
（日本動物研究学会編
『全動物図鑑』）

た。「ハイ秋を音に啼く虫売りでござります」と歌舞伎の「虫売り」セリフにあるくらいで、一茶の『七番日記』には「宵々や只八文のきりぎりす」とある。小林清之介の書によると、明治三十年頃はコオロギが一匹五銭で売られたというほど、エンマコオロギは他の虫にひけをとらぬ美声で値もよかった。

私はこのエンマコオロギが大好きで、十五夜が終わって探り掘りをしたサツマイモ畑の麦わらの中にエンマを見つけると、大量に雄ばかりを捕獲して家に帰った。コオロギどうしが喧嘩をすることも知らず、紙袋に入れて箪笥の陰に置き、そのまま風呂に入って夕食をすませて床についた。そして蒲団の中でエンマの鳴声を聞きながらほくそ笑んだ。現在思うと、エンマが喧嘩して袋を破って散ったことも知らずに。

その夜、母は商売の帳付けをしながら、

「今夜はケサカッカ（コオロギの方言）がでいぶ（大分）鳴くな」

といいながら、妹に向かって

「こおろぎころころ、寒さが来るから肩とって裾させ、裾とって肩させ」

と聞かせていた。私はその話に耳を傾けて、自分が虫を家の中にもち込んだから……とひそかに喜んだ。ところが、とんでもないことに、翌日の夕、洋品製造業の私の家では、秋の運動会のシャツやパンツの材料となるスフ入りの白生地の山積みがあった。その白生地をコオロギがズタズタに食い破り、父は青くなって半ダースのパンツが駄目になったと嘆いた。そして

「なんせステンプルファンパー（ステープルファイバー）は畑の麦わらと原料が同じだんべぇ、シアンメ（仕方がない）」

といってあきらめかけていた。

だからこのコオロギをもち込んだことが、虫好きの私の犯行であることがあとで知れると、父は烈火のごとく怒った。その声にサッと身をひるがえして外に飛び出した。そして裏の小川の辺りのススキの根方まで走って、月を眺めながらエンマコオロギの音色に酔ってたたずむ

と、不思議にすがすがしかったことを覚えている。やがて、兄が心配になって探しにやってきて、いつのまにか二人とも帰ることを忘れて、エンマコオロギの音色に聞きほれていた。

コオロギと私のかかわりは長く、現在でもなお身辺に秋の音を告げにやってくる。時にはわが菜園の野菜の芽を食われて腹も立つが、その巣作りの巧みさと鳴く音色に感心することが多く、ついつい童心にかえってしまう。無農薬の菜園は小鳥と虫たちの食卓となりつつある。

# イナゴ捕り

稲の穂が出て秋の実りの季節がやってくると、子どもたちはいよいよイナゴ捕りである。

どこの家の子も古手ぬぐいで作った袋の口に竹筒を結びつけたものを持ち、朝から田んぼに出かけた。朝といっても夜が明けきらない薄暗いころ起きるから、どの子もどの子も眠い眠いといいながら起きた。だが一人として、そのまま布団の中にもぐる子はいなかった。

それというのも朝早く起きて田んぼに行くと、稲穂についているイナゴは、夜霧に羽がぬれて飛べないからたくさん捕れた。お天とうさんが東の空に顔を出す前に捕らないと、羽が乾いて飛んでしまうのである。

子どもたちは田んぼにつくと、どの子もだれよりもたくさん捕ろうと、口もきかず夢中になって捕った。

一つかみ、二つかみ、イナゴを捕っては竹筒に押し込み、ときにはオンブしたイナゴ、仲良く並んだイナゴなど一ぺんに二匹も捕った。

こんなときである。イナゴ捕りに気をとられてみぞにポチャンと落ちたり、一メートルもある青大将を踏みつけることもあった。そのときの驚きったら、声も出ないくらいびっくりした。

たくさんイナゴを捕って家に帰ると、どこのお母さんも大変喜んだ。特に体の弱いお母さんは血の道のクスリだといって喜んでくれたが、子どもたちは血の道って血管のことかな！と思っていた。

# ハリガネ虫とカマキリ

ハリガネ虫ほど不思議な姿をしたものはない。鉛筆の芯のように細く黒っぽく、五、六〇センチの長さでどこに頭や尾があるのか、のっぺりとした一本の細い針金のような虫である。

こんな虫が、秋雨の野道の水たまりの中で、数匹がからみあっていることが、かつてはよく見られたもので、底冷えのする雨の中を急ぎ、あやまって水たまりに足を踏みこんだ時など、思わず足にからんでビックリすることがあった。そんなことからハリガネ虫を「アシガラミ」と千葉県の山武郡や神奈川県の津久井郡などでは呼んでいる。また静岡や奈良、鹿児島などでは「アシマキ、ウズマキ」というのも、こうした虫の感触がこの虫の名前となったものであろう。

ハリガネ虫は類線形動物門ハリガネムシ類の無脊椎動物だそうで、幼虫のころは水生昆虫に寄生し、その水生昆虫がカマキリなどの昆虫に食べられて体の中に移ると、食べた昆虫の体内でさらに成長する。成虫となると、育ての昆虫の体内から脱出して淡水の池や川にもどって、自由な生活を営むという完全な寄生虫である。考えてみると、人間の体に棲む回虫のようなもので、私などは幼いころ、元気がなくふさぎこんでいると、腹に虫がわいた、などと母が心配して、売薬のセメンエンを無理に飲まされた。いやがると、ポンポ（腹）の中でハリガネ虫がチクチク刺すといわれて、急いで薬を飲んだものであ

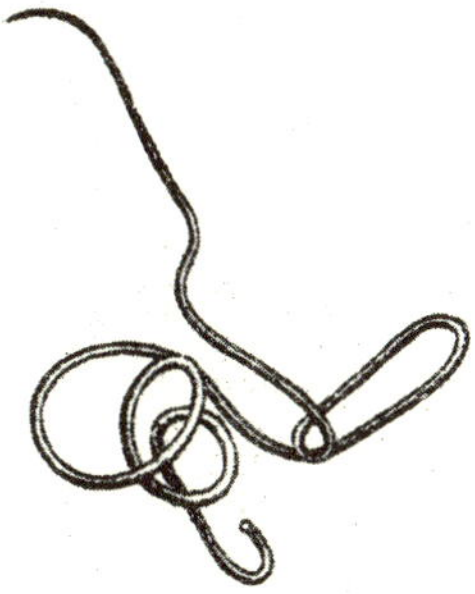

ハリガネムシ
（日本動物研究学会編『全動物図鑑』）

る。それほどハリガネ虫は子どもの遊び生活の場にたくさんいた。

ところが、幼いころあれほど不思議に恐れたハリガネ虫を、カマキリの腹から小枝で絞り出す遊びがはやったことがある。

学校に通うようになってまだ日の浅い秋の暮れであった。

年上の俊ちゃんが提案したカマキリ賭博といって茶かっ色に変色した三角腹の大きいカマキリを捕えて、

「出るか　出ないか」

と俊ちゃんが胴元になっていうと、小さい子は、

「出る！」「出ない！」

と二手にわかれる。すると年長の子はカマキリを上向きに横たえ、ホーラ、ホーラとせわしく足をからめるのを小枝でなでて、急にギュッと押して尻の方に寄せると、ニョロニョロとハリガネ虫が出てくる。「出ない！」といった子は、メンコ一枚ずつ、「出る！」といった子に渡すゲームであった。

今になってみると、なんてバカバカしい遊びをしたものだと、苦笑するが、あの時、遊び場所の水たまりに大量のハリガネ虫がうごめいた光景は忘れ得ぬものである。こんな遊びが二、三日も続くと付近のカマキリの姿は見当たらなくなる。

そんなある日、九〇センチもある特大に長いハリガネ虫を絞り出した。その時の驚きは大変なもので、縁日の夜店で木戸銭をとって見世物にしようか、東京の博物館に贈るべえなどと勝手なことをいってさわいだ。そんな所にガキ大将の定ちゃんがやってきて、俊ちゃんにその虫を貸してくれといった。

「近ごろ転校してきた東京ッ子が、田舎っぺ！　といってバカにするから、知ったかぶりの奴をこらしめるの

だ」

といいながら持ち去った。

その結果はいうまでもない、東京ッ子は定ちゃんが足にからめては水から出して見せるハリガネ虫が動くのを見て、

「キミそれはマジックだ！　ボクをからかうのをやめてくれたまえ！」

と一目散に逃げていったそうである。

現在ハリガネ虫はどこにも見当たらない。きっと農薬で死滅したものと思うが、秋深くなって雨が降ると私はこのハリガネ虫を懐かしむことが度々ある。数年前だった。カマキリを数十匹捕えて、あの幼いころのハリガネ虫を見たいと、つぎつぎに腹をしぼったが一匹も出てこなかった。カマキリは私たち同様腹の中に寄生虫が昔ほど存在しない体となったようである。

# 小鳥わな

寒さが日ごと加わってくるころになると、姿をあまり見せなかった野鳥の群れが平山の南斜面の暖かい日なたに移りすみ、木の実などをあさって騒がしくなる。これを子どもたちが見逃すわけはない。

小さい男の子はゴムパチンコをたずさえて野鳥の群れに攻撃を加え、ときには飼いネコまで同調してスズメをせしめてくる。それどころかある大人はカスミ網をもって一網打尽に捕えようとするから、いやはやこれでは野鳥もたまったものでない。

ところが大きい男の子は違う。野鳥と対決する知恵比べのワナを作って根比べである。鳥がかかるか、かからぬか、木陰に隠れて弓木と張りつめた掛け糸を見つめてはらはらしながらも、その首尾やいかにとながめた。それは年の暮れの大人たちの忙しさをしり目に、のどかな生活であった。

かつて「ブッチョ」とか「コブチ」、「クビ」などという名で呼ばれ、ヤマガラ、シジュウカラ、ツグミなど捕って遊び、数多くの仕掛けわなが子どもたちの間に伝承されたが、今や失われてしまった。昭和二十五年には野鳥捕獲の制限が始まったが、猟銃とか違法のカスミ網が横行、自然のなりわいを破壊してしまった。

# スズメ捕り

スズメの名前が付けられている草は『日本植物方言集（草本類篇）』（日本植物友の会篇）によると、五十一種類ほどあるが、どの草を見ても、人家のまわりや路傍に生える草ばかりであるから、昔も今もスズメは人間の近くで、これらの草むらで生活をしている動物であることは変わりはない。

しかも、こうした草に関心をもってスズメと名前を付けたのは、草と見れば邪魔もの扱いをする大人ではなく、家の近くで遊ぶ子どもたちの発想らしい。とくにカタバミの方言はたくさんある。なかでもスズメノハカマ、スズメノハバキ、スズメノサカズキ……。

自然の中の子どもたちには、このようにスズメの生活を中心において、小さな草や実などに名前を与える童心の世界があった。

ところがこうした心に反し、近寄れば飛び去ってしまうスズメを見ると、愛憎裏腹の変心もまた童心でもあった。ましてや親たちが汗水たらして作った稲を食い荒らすことから、夏の終わりから収穫までは、とくに親たちとともにスズメを憎み、あらゆる手段をこうじてスズメを追っ払うことを手伝った。東北のわらべ唄に

スズメど　スズメど　なしてそこさとまた
腹コ減ってとまった　腹コ減ったら田作れ
田作れば汚れる　汚れたら洗え
洗えば流れる…以下略…（秋田、山形）

などとうたうわらべ唄が多いのは、働かないで米を食べるな、働くことはつらいぞ、という子どもの真意があるからであろう。

追い払っても追い払ってもやってくるスズメに対し、カカシや鳴子でだめなら竹割のスズメおどしでカタカタと、または孟宗竹製のカーバイド砲でごう音を鳴らして

群れスズメを追った。そして霜の降るころの夕暮れ、竹やぶに眠るスズメの群れを襲って袋網作戦に出て、大人たちは酒のさかなにスズメを丸焼きにして食べた。

このような大人に対し、子どもたちは一羽捕りのゲリラであわよくば可愛いスズメを生け捕りにして飼いたいから、図のような仕掛けで生け捕るか鳥モチで捕えるために、庭先や野に出かけた。雪の日や霜が降りた朝、餌の見当たらぬ庭先の積みわらの陰で、底冷えのする寒さを忘れて、這いつくばり、目をむき出しにしてスズメを待った。それはわずかな息をのむ一瞬であるが、まいた餌の所にスズメが来るかどうか、静かな戦いである。

春になって、神社や家の屋根にヒナをかえしたスズメが出入りするのを見て、再び子どもたちはスズメ捕りの執念を燃した。この捕獲は太陽が沈むと目が見えなくなるというので、昼間、大人たちに見つからぬよう見張りを立てて屋根にのぼり、かわらをはがして子スズメを生け捕った。

何故かこの時、赤子は捕らず、毛の生えた子スズメを捕えるのが約束であった。生け捕った子スズメは、籠に入れてやぶにつるし、親スズメにえさを運ばせて子を育てさせ、激しく鳴き叫ぶ親スズメをなぐさめた。または子スズメをおとりにして、親スズメまでも鳥モチで捕えることもした。

この他にスズメ捕りは数多くあるが、こうした子どもとスズメのかかわりは、スズメの生活をくわしく知ることになる。とくに草むらの中のスズメは、屋根や木の枝のスズメと違って、間近に見るために、まわりの草はスズメの必需品のように見える童心の世界が、草にスズメの名を与え、わらべ唄が生まれたものであろう。

# ウナギがま

ウナギがまは大人のウナギ捕り道具で、私の育った山に近い故郷では珍しい道具であった。

このウナギ捕りの道具は、好奇心旺盛な祖父が、利根川下流域の漁師から譲り受けたというものであった。

冬のある日、学校から帰宅すると母に、祖父が沼でウナギを捕っているから手伝いに行くようにいわれた。私は鞄を放り出して自転車に乗り、祖父のいるウナギ捕りの沼に向かって農道を走り抜け、雑木林の坂道をのぼりきると、眼下に展がる沼の継橋が眺められた。祖父はその沼の中州に立って、長い竿を頭上で回転させ、沼を掻き切る動作を繰り返していた。それはまるで、京の五條大橋で薙刀を振りかざす武蔵坊弁慶のようでもあった。

私は祖父の姿を見るなり、坂道を下りながら、

「おじゃん！」

とひと声大きく叫ぶなり、自転車を乗りすてて沼べりの祖父のもとに駆けよった、その時！　なにやら頭上を縄のような物体が飛び去った。アッと驚いて振り向くと、パカッと音がした。それはウナギであった。ウナギはくねくねと刈田の上を這っていた。祖父の回すウナギがまに引っかかったウナギが放り出されたのである。

「ほ、ほほ！　やァ来たか！　そこのウナギ掴めぇて、それ！　そこの一斗樽に入れておけ」

といった。祖父は手を休めることもなく泥を掻き、やがてウナギを六、七尾捕った。

このウナギがまのことを後に利根川流域の漁師に聞くと、祖父のウナギがまはおそらく「冬がま」だろうということであった。

冬がま＝長さ八〇センチ、夏がま＝長さ一一〇センチが標準だそうで、「冬がま」は比較的小さく、鎌の反りは現存する祖父のウナギがまを見ると、泥地用で反りが

深く、竿も一三〇センチぐらいである。しかしこのウナギがまは一般的には舟の上で操作するもので、祖父のように泥地に入り鎌を振り回すなんて、利根川の漁師さんたちは変わり者と思ったかもしれない。

今から六〇数年前、祖父のこのウナギがまを振り回すウナギ漁は、村でも評判であったが、戦後再びこのウナギがまは使用されることもなく、ウナギの棲む沼も埋め立てられ、アスファルトの自動車道となり、かつて沼であったという名残さえもなくなった。

祖父も叔父も逝き、男手のなくなった母の生家の納屋では、このウナギがまは再登場することもない。だが、柱にくくりつけられ蜘蛛の巣の中にそれは今もある。

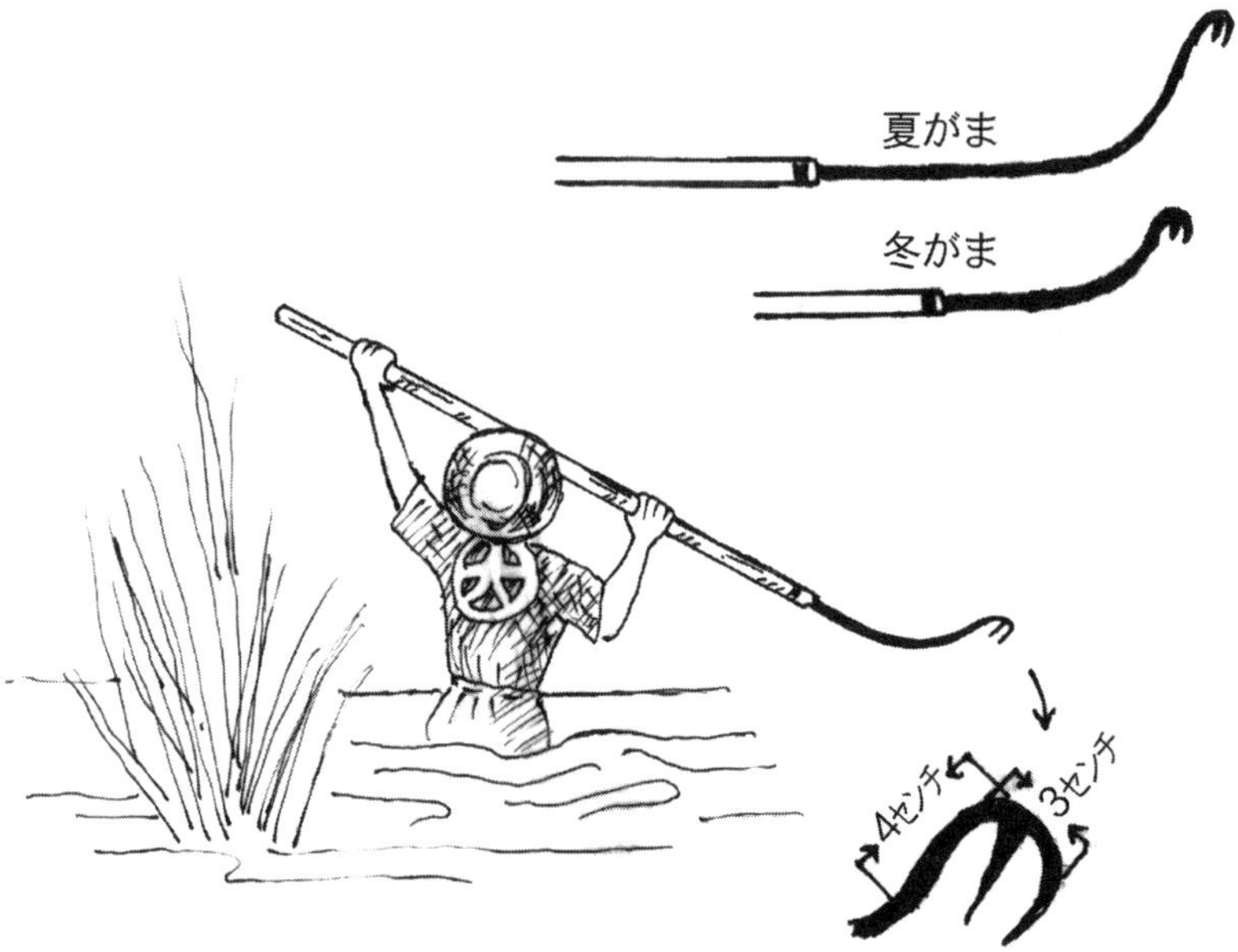

# 寒エビ捕り

二月の初めごろである（陰暦の三日月様の祭りごろ。筆者の出身である栃木県下には、各地に三日月信仰が残っている）。冷たい空っ風が吹き、氷の山のように日光連山が北の彼方に見え、太陽の光も弱い日であった。寒の川エビ捕りは体の芯まで凍るような日が最適で、道具は図のような網に長い竿をつけて、緩い流れの川に沿って川上から川下へ向かって網を押してゆくのである。そしてできるだけ川草の上を押してゆくのがエビ捕りの常道である。それは川草に取り付いていたエビが押されて驚き、ピンッと跳ね上がるところを網に収めるという段取りである。ときには小さなフナなども捕れたが、水面に近いところを押す網にはめったにドジョウはかからなかった。

この川エビ捕りは川べりから網を押すので、温かい身支度でできるが、一押しした網を引き上げ、草やゴミなどを取り除き、エビをつまみ取るということになると、手袋などをしていてはエビを取り逃がすことがあるので素手で行う。初めは楽しくてよいが、手が濡れたところに冷たい風が吹くと、指先は凍るほど冷たく、幾度か息を吹きかけつつ暖めながら、耐えられるだけ耐えて、やっと大人の掌で二握りぐらい捕れるころには、もう水《みず》っ洟《ぱな》は出るし体はガタガタ震えてくる。

店先で仕事をする両親に小笊に捕った寒エビを見せ、

「コリャァーうまかんべぇ。母ちゃん、今夜はエビ大根にしたらよかんべー！」

という父の笑顔を見るのは嬉しかっ

たが、私がこの寒エビ捕りをやったのは二度きりで、それ以降はやってはいない。最初にやったときに寒さに懲りてもうやるまいと思ったが、父と母の喜ぶ姿を見て、寒さで死ぬ思いをしながら二度目を強行したのが原因で熱を出し寝込んでしまった。

父が濡れ手拭いを取り替えながら、

「もうエビ捕らねぇでいいぞ」

とすまなそうにした顔は今も忘れられない。

# 松葉遊び

松葉と子どもの遊びは、正月の門松とのかかわりから生れたものが多く、常日頃の遊びに松葉を材料とすることは少ない。たとえ生活の周辺に松の木があったとしても、大人たちが大切にする松の盆栽とか庭の植木で、子どもたちの手のとどくものでなかった。したがって、正月以外の松葉の遊びといえば、植木屋が松の木に手入れをするとき落す小枝の葉とか、台風にたたき落される枝木と葉などが、町の子の遊び材料であった。また農村の子どもたちは、麦播きが終り、山から一年中の新木の松が伐り出されて庭先に積まれると、にわかに松葉遊びがふえてきた。

町の子も農村の子も、秋から冬にかけて、次第に松葉遊びが盛んになり、年の暮から正月にかけて、子どもの遊ぶ軒下には門松が飾られて、松葉遊びが容易にできる季節となってくる。その意味で門松を飾る正月は、松葉遊びの伝承行事であったといえる。

## 松葉相撲

小枝先の松葉一房を千切って逆さに立てて、そのまわりをたたいて松葉を動かし遊ぶものである。長野県南部ではこの松葉遊びを「オンドリマツ」というが、踊り松のことで、震動で松葉がゆれ動く様を捉えての命名であろう。また青森県の弘前方面では、払い下げた松葉にユズリハをつけて互いに闘わす「松葉相撲」というものを作り、

松葉おどれば、ゆずり葉おどる！

と歌いながら、畳のへりからどちらが出るか倒れるか、それまでこぶしで畳をたたきつづけた。それがために、松の内がすぎたからといって埃の出るほどたたかれてはたまらないと、よく親たちに叱られたそうである。

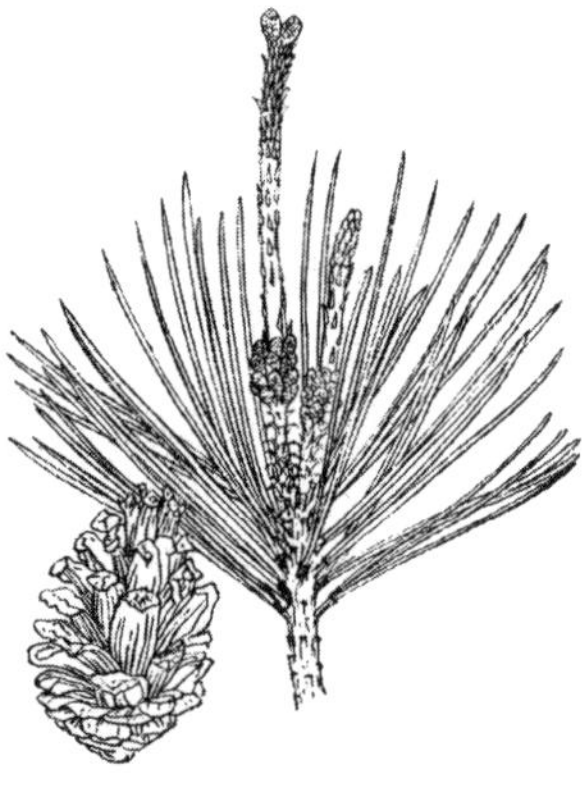
アカマツ
（村越三千男『大植物図鑑』）

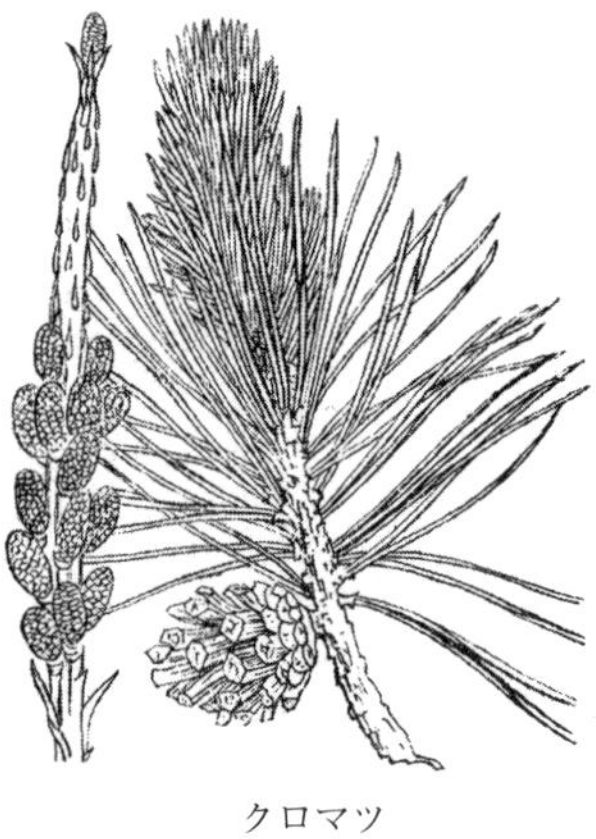
クロマツ
（村越三千男『大植物図鑑』）

この松葉相撲は、枝先の松葉房が円錐状になった所から切り取ったもので、かつて東北一帯にあった「銭馬」といったものと同じである。これは松葉の枝に穴あき銭を通し、子どもたちに与える正月のお年玉であった。現在ではおそらくこのような風習は少なくなったであろうが、江戸後期の『菅江真澄遊覧記』にも出ており、百数十年も以前から、年始に来た他家《よそ》の子にこれを与えて「この馬痩せて候」という戯れ言葉があったことがわかる。多くの人はこの銭馬をヤセンマといい、子どもに与える時はマッコにのせるといっていた。貰った子どももしばらくは、親たちが酒をくみかわす間、炉の傍でトントンとたたいて遊んだものであろう。

一般に松葉相撲は、単に松葉房を逆さにするだけでは物足りないために、さまざまの小道具で飾った。宝井其角の「松の塵」（『類柑子文集』上の巻）には、

「童の時の遊戯をおもひ出られて、松の葉して人を作り、松の葉の弓、同じ槍、長刀のそれぞと見ゆるをとりもたて左右にわけ、息をふきかけて争はするに、人間の動静起臥おのづからにして勝負決然たり。」

とある。後にはさらに、より闘争競技の松葉相撲を、より人間の容姿に似せようとしたのか、松葉数十本を束ね、紙帯でとめて太刀などを差したり、または相撲の取組に擬して紙の化粧回しなどを貼るなどの加工までするようになった。

明治の中ごろ、相撲人形がはやった折、こうした松葉

相撲遊びからヒントを得たのか、「毛人形」という五センチぐらいの立姿の土人形の下腰周囲に、松葉でなく棕櫚の樹毛を松葉に見立ててつけたものが売り出された。これは行司を含めて五個一組の箱入れであったということである。これを買い求めた明治の子どもたちは、空箱などに土俵を描き、まず呼出しの声を張りあげながら行司をつまみ出し、つづいて各力士をつまみ置き、「ハッケヨイ、ノコッタ、ノコッタ」と空箱や畳をたたきながら遊んだ。この人形の形式は、さらに現代になると、松葉がなくなって鉄板が取付けられ、マグネットを持って左右に動かすものに変化したが、子どもの遊び心は松葉遊びに等しいものであろう。

『尾張童遊集』（小寺玉晁著、天保年間述）という本に松葉角力と称する絵が掲載されているが、これは松葉一対をもう一本で支えるもので、一房の松葉よりなるものでないが、おそらくは幼い子らによるものでなく、子どもが作ったとしても年長の子であったろう。また同集には松葉角力となっているが、脚立のように三つ脚で立つので、松葉馬相撲とした方がわかりやすい。最近、紹介される草木の遊びの中に、この馬に近似した松葉馬相撲と名乗る松葉遊びがあるが、松葉遊びがここまで細工されると、「この馬痩せて候」どころか「骨ばかりの馬にて候」で、面白くない。その点、さきに述べた、「松葉おどれば、ゆずり葉おどる……」といいながら遊んだ弘前の子らの方が、数段楽しさも高く、子どもらしくおおらかな松葉相撲であろう。

### チックリオババ

昔、伊勢の白子で、正月の子どもの遊びに門松の松葉をむしり取り通る人にこれを打ちつけて、

さんさ祝ふ　ちっくりお婆を見てやろ
せいごはおごり　青松葉で祝うてやろ

と唱える風習があったという。九州熊本の宇土では、新婚の男に対して、女たちが松葉を投げたという。鹿児島

では正月遊びとなっていたが、相手は若い男が多かったといわれている（柳田國男『分類児童語彙』）。このような風習は、他地域では見当らぬが、松の小枝の先を千切って集め、これを松葉つぶてとして投げ合う遊びは随所に見られる。これは、松の内が終って門松が集積された広場などで、火をつける前に遊んだという話がつけ加えられる例が多い。

## 松葉くさり

礼の供松葉でくさりこしらえる――松葉の細工遊びでもっとも知られたものの一つだが、不思議とこの作り方が紹介されたことはなかった。さしてむずかしい細工でないせいもあるが、こころみに、ことあるごとに人々に聞いてみて、二種類の方法があることを知った。その一つは、松葉一対の片方の葉先二センチ入った所にきず穴をあけ、残るもう一方の葉を曲げて、その葉先をこのきず穴に差し込む方法である（図の①）。もう一つの方法は、松葉一対の葉もとの方をつまみ、一本葉を付け根から抜き取る。そして残る一本を曲げて抜き取った松葉の所に差し込むという方法である（図の②）。

いずれが鎖によく似ているかといえば、もちろん松葉一本で作る方であるが、丈夫さからいえば、松葉一対で作る方が強い。「松葉流し」といって、この鎖を川に流して遊ぶ、レンゲソウやシロツメクサなどで作る花つぎ流しと同じ遊びがある。しかし、遊びの相からいえば、花遊びのように春うららかな華やかで明るいものでなく、どちらかというと孤独な手遊びである。門松を打ちつけた家の玄関口で小遣いをねだり、ねだりにねだっても貰うことができず、すねながら作ったりするのが松葉くさりである。門松がなければ、古釘で玄関の敷居を削った

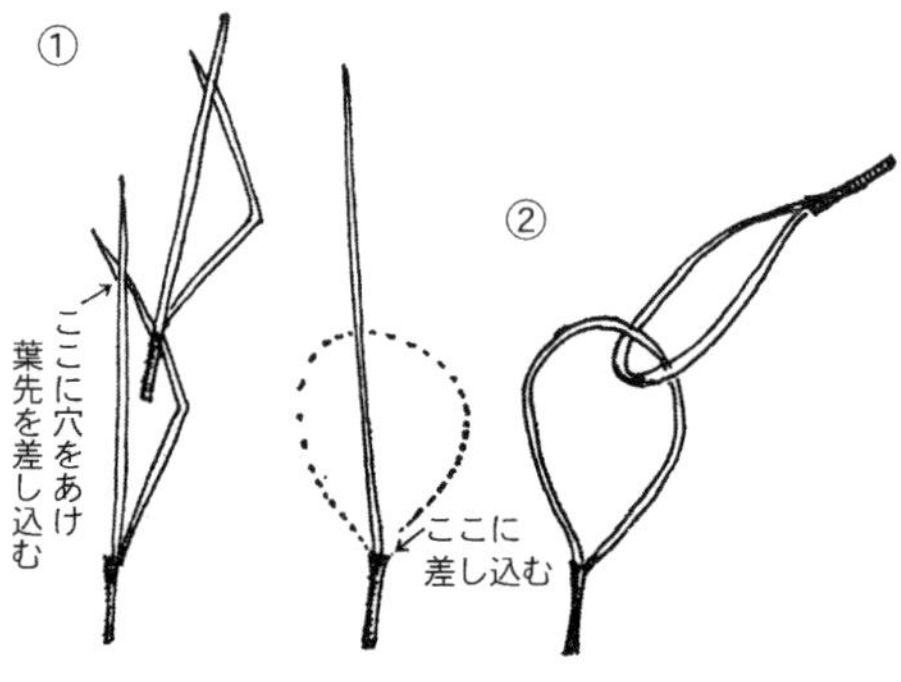

かもしれない。やっと母親もねばりの根性に負けて財布の紐をゆるめると、子どもは欲しいおもちゃを求めて商店通りに飛び出す。母親は危いからといって後を追うように玄関口まで出ると、なんと無残にも門松半分がむしりとられていた……。こんな例は昔も今もあるのではないだろうか。

## 松葉切り

その点、この松葉切りは、松葉くさりとちがって、一人でできる遊びではないし、仮に一人で左右それぞれの松葉を引っかけても面白くないものである。松葉切りは相対する両者の争いが興味の中心であり、とくに幼い子らの松葉遊びの主役であった。

現在の私の家は小学校が隣のせいか、十数年前ころは学校帰りの子どもが道草をして、アリの行列を見つけたりして、いつまでも道路にうずくまって遊んでいる姿を見ることが多かった。また、ハンミョウの幼虫を二ミリほどの小さな穴の中に発見した時など、だれが伝え教えたのか、細いニラ葉のような葉を穴にさし、一人が地虫釣りを始めた。すると次から次へと地虫釣り太公望が集まってきて、ランドセルを背負ったまま、三三五五としゃがみこみ、声一つなく釣りつづけていた。

こんな姿を見ると、地虫釣りは江戸時代の子どもも盛んにやったというが、二百数十年後の子どもらも同様であることを知った。松葉切りなどもその一つで、ある日のこと、二人の女の子がスカートいっぱいに松葉をかきあつめて路上にしゃがんで、松葉切りをしている姿を目撃した。二人の子の頭上は植木屋がすっかり松に手を入れ、すがすがしくなっていたが、子どものまわりの路上は松葉が散り散りに敷かれたままであった。二人の子は向い合い、スカートから松葉を取っては引き競べ、負ければ捨てて再び引っかけることを繰り返した。自転車をおりてしばらくその遊び姿を眺めていた私が、ふと目をやると、年老いた植木屋さんが竹箒を片手に、ニコニコしながら私同様に子どもたちを眺めていた。きっと老人も過ぎし幼い日を思い出し、無心に遊ぶ子らを見ると、掃除することもできなかったのであろう。

このごろではこうした子どもを見ることが少ない。せわしく家路を急ぐ子どもばかりである。

## ジカモカ

青森の幼い子どもたちの遊びに、ジカモカという単純な松葉遊びがある。これは仲間に入れてもらえない、やんちゃな男の子の意表をついたイタズラ遊びで、なかなか効果がある。一本の松葉を右手に水平に前方に向け、

おらさに あだれば
ジカモカ刺さる ジカモカ刺さる

といってから、まっすぐ、兵隊さんが歩調をとっているようにただ無表情に口をへの字に結んでどんどん歩く。遊んでくれない女の子たちに向って……。何も知らない女の子たちは輪になってニコニコ笑いながら遊んでいたが、この声を聞くと飛びあがって、わあわあ、きゃあきゃあ、さわいで逃げ出す。それでも、「おらさにあだれば、ジカモカ刺さるゾ！」といいながら追いかけてゆく。

ただこれだけの遊びだが、ドンキホーテが風車に向って行くような滑稽さがある。

## 松葉のメガネ

幼いころ、針箱にあった祖母の老眼鏡をかけて、ノンキナトウサンの真似をして目が回って台所に落ちたことがあるが、いつの世の子どもでもメガネには興味があるものである。松葉メガネも始めから作ろうとしてできたのではなく、松葉くさりなどを作る時に、だれかが口の中に入れて出すと唾が輪になった松についてレンズのようになり、それが日頃から関心のあるメガネとそっくりなので、メガネというようになった。

うまく唾がつくと、メガネ越しに友だちの顔を見て、占師の真似をしたり、空の雲やお寺の屋根のハトを見た。「見える見える」とあちこち見ているうち、パチンと消えて、松葉をつまむ指がぬれてきた。

## 松葉舟

梅雨時になると、毎日が雨降りで外に出られず、家の中の遊びはあきあきしてくるから、わずかな間でも雨がやむと外に出たくなる。

大きな長靴とコーモリをさして、家のまわりの檜葉《ひば》の生垣にそった路を歩くと、雨にぬれた檜葉が路を覆うようにさがっている。これをさらに下に引きおろしてから放すと、パッと水玉が拡散して、枝は手のとどかぬところにいってしまう。こんな幼いころの思い出の遊びを振り返ると、松葉の新芽で作る舟もこの季節の遊びであったと気付いた。

水玉の光る松葉に手をかけて、さみどりの芽を千切って水たまりの上にソッとおくと、水に写った雲の切れ間の青空に、松葉舟がメダカのようにツーツーと走った。

松葉の切口から油が出るので走るのだが、ただこれだけのことながら、子どもにとっては不思議でたまらないので、水たまりのへりにしゃがんでじっとみつめていることがよくあった。

## 松葉鉄砲（松葉はじき）

年の暮になると、囲炉裏端で父が作る正月の松飾りを見ながら、傍でこの松葉はじきをして遊んだと、山形生れの友が語った。またある知人は、幼いころ山仕事につれられていった時など、焚火にあたりながら松葉鉄砲で遊んだという。この遊びは火を使うからなのか、こんな話を聞くことが多い。火のかわりに鋏で切れば危くないのだが、おとなたちは眉をひそめる。だが、これはそのために鋏を持参して、というものでなく、やはり焚火に暖まりながら遊ぶものであろう。

まず松葉の片方を少し残して千切り、千切った松葉を少し残した松葉にかけて弓なりに曲げ、そのまま弓の先と、さきの葉先をつまみ持ち、そして図の個所

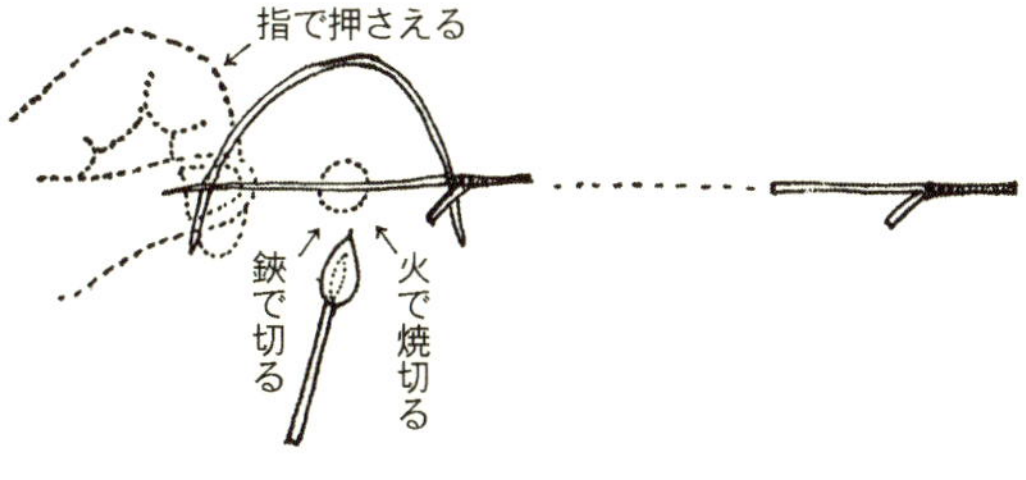

に火をつけるか鋏で切る。すると残る一方がはじかれて飛ぶ。

鋏で切るより火をつける方が面白いのは、松葉に火をつけてから燃えつきて自然に飛ぶまでの間があるので、たのしさがある。おとなたちは、子どもが火を弄ぶといって叱るが、なかなかやめられない小さなはじき鉄砲であった。

# あとがき

二〇〇九年に上梓した『江戸の子供遊び事典』において、江戸時代の遊び一一四種を紹介したが、思いのほか大冊になったため、残念ながら収録を諦めたものがあった。

それは自然の動植物を相手にした遊び、江戸の町々の至る所でおこなわれたであろう明け地に茂る雑草や割堀に棲む虫魚相手の遊びである。

たとえば、蛙を相手にした「蛙の葬式」遊びは盛んで、小林一茶の『おらが春』にも「蛙の野送」として登場し、他にも「蛙の博打」「蛙釣り」などの遊びがあった。また、赤飯（イヌタデ）や草人形など、数え上げればきりがないほどである。こんな草木虫魚の遊びに、私たちの祖先の「おさなごころ」を垣間見る思いである。

この度、その念願が叶って本書刊行の運びとなった。拙書『昭和 子ども歳時記』と同様、取り上げる中心となる時代は下り、内容はより身近なものになったが、なかには江戸時代から続く遊びも多く含まれている。ぜひ、前著『江戸の子供遊び事典』の姉妹編として、併せてお読みいただければ幸いである。

二〇一二年六月　　中田幸平

スズメ　229-230
スズメノテッポウ　31, 32, 70-73
スベリヒユ　123-125
スミレ　85-87
セミ　185-187, 188
ソラ豆　89-90

### タ

タケニクサ　126
タンポポ　32, 58-67
チガヤ　44-46
チカラシバ　131-134
ツクシ　50-57
ツグミ　228
ツバキ　47-49
ツバナ　44-46
ツユクサ　126
釣り　149-150
手づかみ漁　167-169
トウモロコシ　22
毒もみ　160-165
ドジョウ　91-93, 151-155
トッカンバナ　120, 121
トビシャゴ　129, 130
トンボ　178-180

### ナ

ナズナ　74-78
ネコジャラシ　135, 136
ネコヤナギ　41-43
ネッキ　207-208

### ハ

ハタオリ　110, 111
発破　160-165
ハリガネ虫　225-227
ハンミョウの幼虫　96-98
ヒゲクサ　136, 137
ヒッキリコ　107, 108
雛節供　19-20
ヒバリ　139-141
火ぶり　151-155
風船虫　182-184
フキ　25, 26
フジとり　116-117
フナ　167, 168
ヘチマ　126
ヘビ　145-146
ホウセンカ　127-130
ホオズキ　202-203
干しガキ　219
ホーズキバ　108, 109
ホタル　192-194
ホタルブクロ　120-122

### マ

松葉　235-242
ママゴト　198-201
マムシ　145-146
マリゴグサ　109, 110
ミズスマシ　166
水玉すもう　131, 132
麦　29, 30, 33, 34
麦わら　118-119
メダカ　166
目っぱり　124, 125
モングサ　113

### ヤ・ワ

ヤエムグラ　112-115
ヤス突き　147-148
ヤブカンゾウ　16, 26, 27
ヤマガラ　228
ヤマゴボウ　25, 26
ヤンマ　178-180
ヨシ　37
ヨッパライクサ　123, 124
ヨモギ　68-69

藁鉄砲　204-206

# 索　引


## ア

アサガオ　126
アメンボウ　166
アリジゴク　181
イスノキの虫癭　38
イタドリ　79-84
イナゴ　137, 224
イヌタデ　198-201
イネカブアネコ　23
色水屋さん　126
インゲン　126
ウスバカゲロウ　181
ウナギ　231-232
ウナギがま　231-232
エゴノキ　161, 162, 164
エノコログサ　135-138
オオバコ　100-106, 107-111, 170, 172-174
オカンジャケ　22, 23
オキナグサ　23, 24
お手玉　211-213
お天気占い　132

## カ

カエル　100-106, 170-171, 172-174
カキ　217-220
カニ　137
カボチャ　126
カマキリ　225-227
釜どり　166
カモジグサ　21, 22
カラスノエンドウ　33, 34, 36
川カニ　94-95
カワヤナギ　41-43
寒エビ　233-234
木皮　39
草人形　16-28
草笛　29-40
草結び　133, 134
クマクマ　122
クリ　38, 39, 209-210
クンショウクサ　114, 115
競馬ごっこ　133
毛虫ごっこ　138
ケラ　142-144
ゲンゴロウ　175-177
鯉　156-159
コウモリ　195-196
コオロギ　137, 221-223
小鳥　228
コミズムシ　182

## サ

サクラ　88
山椒　161, 162, 163, 164
ジカモカ　240
地グモ　189-191
シジュウカラ　228
柴　37, 38
地虫　96-98
ジャノヒゲ　21, 214-216
十五夜　204, 205
ジュズダマ　211-213
菖蒲　36, 37

著者略歴

**中田幸平**（なかだ　こうへい）

1926年　栃木県栃木市に生まれる。
1946年　戦後、演劇を志し上京、新協劇団に加わる。
1949年　劇団俳優座に属し、ステージ・コスチュームデザイナーとなる。
1955年　俳優座を退き、以来フリーとなり、演劇・舞踊のデザイン、時代考証、原稿執筆、傍ら桑沢デザイン研究所の講師を務める。
1960年　ＮＨＫ大河ドラマ『春の波濤』の風俗考証担当を最後に退く。児童文化の研究に専念。
現在、日本ペンクラブ会員。

著書：『日本の児童遊戯』社会思想社
『野の玩具』中央公論社
『野の民俗』社会思想社
絵本『しんぶんしのようふく』ポプラ社
絵本『くさばなのあそび』ポプラ社
『自然と子どもの博物誌』岳書房
『児童劇の衣装をつくる』大月書店
『昭和 子ども歳時記』八坂書房
『江戸の子供遊び事典』八坂書房
その他共著多数

昭和自然遊び事典

2012年7月25日　初版第1刷発行

著　者　中田幸平
発行者　八坂立人
印刷・製本　モリモト印刷(株)

発行所　(株)八坂書房
〒101-0064　東京都千代田区猿楽町1-4-11
TEL.03-3293-7975　FAX.03-3293-7977
URL.: http://www.yasakashobo.co.jp

ISBN 978-4-89694-999-5

# 江戸の子供遊び事典

中田幸平著

A5判・並製・四二四頁

本体価格三六〇〇円＋税

[ISBN978-4-89694-936-0]

江戸時代から伝承されてきた子供の遊びを実際に体験した著者が、その歴史・遊び方・各地での名称など、図版を交え紹介する。現代まで脈々と引き継がれている遊び、名称や形式が変わった遊び、いつの間にか消えた遊びなど全一一四種を収録。

坐り相撲／手毬つき／お手玉／おはじき／綾取り／折羽十六むさし／道中双六／根っ木／ずいずいずっころばし軍師拳／お茶坊主／上り目下り目／穴一／独楽まわし／竹馬／輪転し／そうめん／沢庵押し／銀杏うち／メンコお亀じょんじょろ巻／上りこ下りこ／向こうのおばさんお山のお山のおこんさん／かごめかごめ／おしりの用心廻りの廻りの小仏／子を取ろことろ／どうどうめぐり／此所は何所の細道じゃ／下駄隠し／いもむしころころ／チンチンモグモグ／草履近所／松葉切り／どんどん橋／兎うさぎ／猫や猫や／菖蒲打ち／蛍狩り／かや釣り　他